Dominik Frey

Auszeit

HERDER

GEMEINDEPRAXIS

Dominik Frey

AusZeit II

Kurz-Impulse durch das Kirchenjahr

Mit CD-ROM

HERDER

FREIBURG · BASEL · WIEN

MIX
Papier aus verantwor-
tungsvollen Quellen
FSC® C106847

© Verlag Herder GmbH, Freiburg im Breisgau 2012
Alle Rechte vorbehalten
www.herder.de

Umschlaggestaltung: Finken & Bumiller
Umschlagmotiv: photocase5utkt7qy2
© www.photocase.com/earlysummer

Satz- und CD-ROM-Gestaltung: SatzWeise, Föhren
Herstellung: fgb · freiburger graphische betriebe
www.fgb.de

Gedruckt auf umweltfreundlichem, chlorfrei gebleichtem Papier
Printed in Germany

ISBN 978-3-451-32825-1

Inhalt

IV. Herbst
… über Kultzwiebeln, versenkte Panzer und verlorene Luftballons

Vorwort

»Himmel und Erde« – so heißt ein Übungsteil im Qi Gong, aber auch ein esoterisches Klangschalenset oder ein traditionelles rheinländisches Essen. Dieses besteht aus Apfelmus und Kartoffelpüree. Für manche Insider gehört auch die gebratene Blutwurst unbedingt dazu. Die Äpfel stehen für den Himmel, weil sie dort, also am Baum, wachsen. Die Kartoffeln symbolisieren die Erde, weil sie unter der Erde gedeihen. Eigentlich geht es in diesem Buch hier um etwas ganz Ähnliches: Es geht darum, Himmel und Erde zusammen zu bringen. Nicht auf dem Teller, aber im Gottesdienst.

Ich finde, das ist ein hoher, aber ein guter Anspruch an einen spirituellen Impuls: Den Alltag der Menschen mit der Ewigkeit in Berührung bringen. Aber auch andersrum: Gott in mein Leben einlassen. Wo das gelingt, da kann »geerdeter« und »gehimmelter« Gottesdienst geschehen.

Die spirituellen Impulse in diesem Buch sind alle gleich aufgebaut: Ein Impulstext zu Beginn soll für die nötige Erdung sorgen. Diese Texte stammen aus meinen Radioansprachen bei SWR3. Dort gehört es zum Handwerkszeug und guten Ton, dass die Hörerinnen und Hörer in ihrem Alltag abgeholt werden. Eine Schriftlesung, ein liturgischer Text und ein geistliches Lied sorgen für spirituellen Tiefgang. Und schließlich wird noch eine andere Ebene angesprochen. Eine Aktion in jedem Impuls sorgt dafür, dass sich die Teilnehmenden noch anders mit dem Thema auseinandersetzen: spielerisch, kreativ, assoziativ – auf jeden Fall mit allen Sinnen.

War der erste Band noch in Themengebiete gegliedert, so orientiert sich dieses Buch am Kirchenjahr. Es beginnt mit dem Advent und berücksichtigt die großen und kleinen kirchlichen Feste. Aber auch jahreszeitliche Situationen werden aufgegriffen, wie zum Beispiel Fastnacht, die Urlaubszeit oder der Herbst mit seinen bunten Blättern.

Ich kann Sie wie im vorigen Band nur dazu ermutigen, die Impulse als Vorschläge zu betrachten. Passen Sie sie an Ihre Gruppe an. Stellen Sie um, lassen Sie weg, fügen Sie hinzu. Mit Senioren werde ich kein wildes Bewegungsspiel machen. Mit Jungs im Stimmbruch werde ich keine fünf Strophen singen. Vor einer Sitzung mit einer großen Tagesordnung werde ich den Impuls um ein oder zwei Elemente kürzen. Für einen Wortgottesdienst werde ich noch einen Psalm, ein Vaterunser oder weitere Lieder hinzufügen.

Himmel und Erde zusammenbringen – dazu soll dieses Buch anregen. Ob in einem Wortgottesdienst, in einem Sitzungsimpuls, in einer Religionsstunde oder in einer Auszeit für die Familie.

Abkürzungen für die verwendeten Liederbücher:

GL = Gotteslob (Herder 1975)

EG = Evangelisches Gesangbuch (Ev. Presseverband für Baden, Karlsruhe, 1. Aufl. 1995)

EH = Erdentöne Himmelsklang (Schwabenverlag, 4. Auflage 2004)

KR = Kreuzungen (Martin Müller, Sasbach 2003, www.kreuzungen.com)

TR = Troubadur (Kolping Bildungswerk / Echter Verlag Würzburg, 2. Aufl. 1991)

RU = Rise Up (Rex Verlag, Luzern, 3. Aufl. 2006)

UW = Unterwegs (Dt. Liturgisches Institut, Trier, 2. Aufl. 1998)

weitere Abkürzungen:

GL = Gottesdienstleiter/in

TN = Teilnehmer/in

I. Winter

... über Friedenslichter, einsame Inseln
und schnelle Sandalen

6. Dezember – Nikolaus

■ Impulstext

Rund um Antalya sind die Kornspeicher leer. Sogar die letzten Ziegen und Hühner wurden schon geschlachtet, so schlimm ist es mit dem Hunger. Da melden die Einwohner von Myra ihrem Bischof Nikolaus, dass Schiffe im Hafen eingelaufen sind. Große Schiffe auf der Durchreise, bis an die Reling voll mit Getreide.

Das ist *die* Chance. Nikolaus geht runter zum Hafen. Er bittet die Besatzung: »Aus jedem Schiff nur 100 Maß Getreide. Für euch fällt das nicht ins Gewicht, aber für uns ist es die einzige Chance zu überleben.« Die Schiffsleute sind hin- und hergerissen. Das Korn wurde schließlich in Alexandria genau abgemessen und wird schon in den kaiserlichen Vorratshallen in Konstantinopel erwartet.

Doch Nikolaus legt nach: »Tut, was ich gesagt habe. Ich schwöre euch bei Gott, dass ihr keinen Verlust haben werdet!« Die Schiffsleute sehen die Not und geben nach. Nikolaus lässt das Getreide unter den Menschen verteilen. Es reicht für zwei Jahre und eine Aussaat. Für die Bürger von Myra ein wahres Wunder. Die Schiffsleute haben ihr Wunder noch *vor* sich: Als die kaiserlichen Beamten das eingetroffene Korn abwiegen fehlt kein einziges Gramm.

Ob eine Legende wahr ist oder nicht, ist für mich nicht so wichtig. Diese hier zeigt Nikolaus einmal mehr als menschenfreundlichen und mutigen Mann.

Aber die Geschichte hat noch eine Message: Nikolaus überredet ja die Schiffsbesatzung, das Gesetz zu brechen. Sie riskiert wegen der hungernden Menschen Kopf und Kragen. Doch sie haben wahrscheinlich begriffen: Gesetze und Vorschriften sind längst nicht alles im Leben. An erster Stelle steht immer der Mensch.

■ Biblischer Text: Mk 2, 23–27

An einem Sabbat ging Jesus durch die Kornfelder, und unterwegs rissen seine Jünger Ähren ab. Da sagten die Pharisäer zu ihm: Sieh dir an, was sie tun! Das ist doch am Sabbat verboten.

Er antwortete: Habt ihr nie gelesen, was David getan hat, als er und seine Begleiter hungrig waren und nichts zu essen hatten – wie er zur Zeit des Hohenpriesters Abjatar in das Haus Gottes ging und die heiligen Brote aß, die außer den Priestern niemand essen darf, und auch seinen Begleitern davon gab?
Und Jesus fügte hinzu: Der Sabbat ist für den Menschen da, nicht der Mensch für den Sabbat.

■ Aktivierung

- TN erhalten einen Vorrat an Smarties o. ä. Mit diesem Vorrat wird nun »Mäxle« gespielt (auch bekannt als »Meiern« – Spielregeln siehe: http://de.wikipedia.org/wiki/Meiern). Statt Minuspunkte muss man jeweils ein Smartie abgeben.
- Das Besondere am »Nikolaus-Mäxle« ist, dass man jederzeit freiwillig Smarties an beliebige Mitspieler abgeben kann. Aus reiner Güte. Genau wie Nikolaus.
- Im Anschluss kann die Gruppe reflektieren: Wie fühlt es sich an, beschenkt zu werden? Wie fühlt es sich an zu verschenken? Wie fühlt es sich an, die »normalen« Spielregeln zu unterlaufen?

■ Liturgischer Text

Guter Gott,
lass mich erkennen, was Jesus gezeigt hat:
Der Sabbat ist für den Menschen da.
Guter Gott,
lass mich erkennen, was der Heilige Nikolaus gezeigt hat:
Die Regeln sind für den Menschen da.
Schenke mir einen verantwortungsvollen Umgang
mit Gesetzen, Mitmenschen und mir selbst.
Darum bitte ich durch Christus unsern Herrn. Amen.

■ Lied

– Den heil'gen Bischof Sankt Nikolaus, den woll'n wir ehren heut
  Text und Melodie zu finden im Internet unter:
  http://www.nikolaus-von-myra.de/lieder/hlbischof.html

Advent – Das Friedenslicht in Mannheim

■ Impulstext

Letztes Jahr im Advent bin ich zum Paradeplatz in Mannheim gefahren. Mit der Straßenbahn. Ich wollte das Friedenslicht aus Betlehem dort abholen, um es in unsere Kirche zu bringen. Seit 1986 wird jedes Jahr eine Kerze in der Geburtsgrotte Jesu in Betlehem entzündet. Dann wird sie mit einem Flugzeug nach Wien gebracht. Pfadfinder verteilen das Friedenslicht von dort mit dem Zug weiter in ganz Europa. Und so ist das Flämmchen schließlich in meiner Laterne gelandet.

Eine Gruppe Jugendlicher im Gangster-Outfit setzt sich in der Bahn mir gegenüber. Der Wortführer fragt mich neugierig: »Mann, was ist das für ein Licht? Überall sind Leute mit Licht. Is Sank Martin oder was?«

Ich erkläre den Jungs ganz ruhig, was es mit dem Friedenslicht auf sich hat. Darauf der Wortführer: »Ah Klasse, Jesus macht Frieden.« Neugieriges Schmunzeln bei den Umstehenden.

Mir kommt eine Idee. Ich hatte für alle Fälle noch ein Teelicht eingepackt. Ich entzünde es am Friedenslicht und überreiche es dem Chef: »Ja, Jesus macht Frieden. Und wenn du willst, kannst du ein Licht mit nach Hause nehmen.« Der Chef ist sichtlich stolz: »Woa krass, ich hab auch ein Jesus-Friedenlicht.« Allgemeine Erheiterung im gesamten Abteil.

Plötzlich versucht einer der Jungs, dem Chef seine Kerze auszublasen. Daraufhin wird der echt sauer und droht: »Ey Mann, wenn du mein Friedenlicht ausbläst, dann hau ich dir eine rein, Mann.« Na prima, denke ich, das klappt ja super mit dem Frieden! Aber allen Befürchtungen zum Trotz bleibt es bei der Androhung. Vielleicht lag es ja am Friedenslicht.

Eines ist mir an diesem Abend bildlich vor Augen geführt worden: Der Frieden ist eine labile Sache. Ob in Betlehem oder in einer Mannheimer Straßenbahn. Aber eines ist gewiss: Es ist wichtig, sich mit aller Macht dafür einzusetzen.

■ Biblischer Text: Joh 14, 27

Einleitung:
Jesus weiß, dass er sterben wird. In seiner Abschiedsrede an die Jünger spricht er vom Frieden. Er sagt:

Frieden hinterlasse ich euch, meinen Frieden gebe ich euch; nicht einen Frieden, wie die Welt ihn gibt, gebe ich euch. Euer Herz beunruhige sich nicht und verzage nicht.

■ Aktivierung

– TN sitzen in abgedunkeltem Raum und werden mit meditativen Sätzen in die Stille geführt: »Wir nehmen wahr, was wir sehen, was wir hören, was wir riechen. Was fühlen wir in der Dunkelheit? Mit welchen Erlebnissen verbinden wir Dunkelheit? Angst? Alleinsein? oder etwa auch Geborgenheit? Wir wollen die Dunkelheit mit all ihren Schattierungen erspüren.
– Nach einiger Zeit wird eine Kerze in der Mitte entzündet oder das Friedenslicht aus Bethlehem wird herein gebracht.
– TN entzünden am Licht ihre eigenen Kerzen.
– Dazu wird der Kanon gesungen: Mache dich auf und werde Licht

■ Liturgischer Text

Guter Gott,
wo Hilfe zu Bedürftigen dringt,
wo Gerechtigkeit sich Platz verschafft,
wo Worte über Waffen siegen,
dort durchdringt der Friede unsere Welt
wie ein Licht die Dunkelheit.
Aber wie die Kerze im Wind,
so ist auch unser Friede labil, flüchtig, wacklig.
Der Friede, den uns Jesus versprochen hat,
ist ein anderer Friede: stabil, endgültig, allumfassend.
Licht der Welt, vertreib die Schatten.

Licht der Welt, mach unser Leben hell.
Licht der Welt, komm zu uns! Amen.

▧ Lied

−   EH 278, KR 99, RU 229: Ein Licht in dir geborgen

Heilig Abend – Maria, Josef, Hecke

▨ Impulstext

Meine Nichte Clara kommt niedergeschmettert aus der Schule heim. Die Rollen fürs Krippenspiel wurden heute verteilt. Und obwohl sie mit ihren Engelslocken und ihrem unschuldigen Blick die geborene Maria wäre, hat ihr die Lehrerin unbarmherzig die Rolle einer Hecke zugeteilt. Die Welt ist einfach ungerecht.

Das mag sich auch der echte Josef gedacht haben. Genau wie die Hecke scheint er in den meisten Krippenszenen auch nicht mehr als gute Staffage zu sein. Stockträger oder Lampenhalter. Die Hauptdarsteller sind andere: seine Frau Maria und natürlich das Jesuskind.

Es kommt erschwerend hinzu, dass der Schreiner Josef vermutlich nicht einmal der leibliche Vater des Kindes ist. Das Kind soll vom Heiligen Geist sein – klingt nach einer schlechten Ausrede. Ich finde, das wäre Grund genug für Josef, die Lampe oder den Stock in die Ecke zu stellen und den Stall in Bethlehem zu verlassen.

Macht er aber nicht. Josef steht zu Maria, er schützt sie und pocht nicht auf sein Recht. Obwohl das ganz und gar nicht dem normalen männlichen Verhalten des alten Orients entspricht. Aber Josef ist eben anders. Und zum Glück ist er anders. Denn ohne sein Verständnis wäre Maria wahrscheinlich als Ehebrecherin gesteinigt worden. Außerdem hätte Jesus nie die Geheimnisse einer Werkbank und die harte menschliche Arbeit kennen gelernt.

Josef war genau der richtige Mann am richtigen Ort. Und etwas in dieser Art habe ich auch der niedergeschlagenen Clara ins Ohr geflüstert: »Clara, beim Krippenspiel ist die Hecke genauso wichtig wie Ochs, Esel, Maria und Josef. Die Hecke hält den kalten Wind vom Stall fern und ihre Zweige sind leckeres Futter für all die Schafe.«

Vielleicht hat Clara eines aus dem Krippenspiel mitgenommen: Das Leben besteht aus mehr als nur Hauptrollen. Die Kunst besteht darin, auch in den Nebenrollen gut zu sein.

■ Biblischer Text: Mt 1,18–21.24

Mit der Geburt Jesu Christi war es so: Maria, seine Mutter, war mit Josef verlobt; noch bevor sie zusammengekommen waren, zeigte sich, dass sie ein Kind erwartete – durch das Wirken des Heiligen Geistes.

Josef, ihr Mann, der gerecht war und sie nicht bloßstellen wollte, beschloss, sich in aller Stille von ihr zu trennen. Während er noch darüber nachdachte, erschien ihm ein Engel des Herrn im Traum und sagte: Josef, Sohn Davids, fürchte dich nicht, Maria als deine Frau zu dir zu nehmen; denn das Kind, das sie erwartet, ist vom Heiligen Geist. Sie wird einen Sohn gebären; ihm sollst du den Namen Jesus geben; denn er wird sein Volk von seinen Sünden erlösen.

Als Josef erwachte, tat er, was der Engel des Herrn ihm befohlen hatte, und nahm seine Frau zu sich.

■ Aktivierung

–   TN legen mit Hilfe von Legematerial eine Situation, wo sie im Leben eine Nebenrolle spielen: in der Familie, bei der Arbeit, in der Schule, im Verein, im Freundeskreis.
–   Evtl. erläutern die TN ihr Legebild einem Partner ihres Vertrauens: Wie fülle ich meine Nebenrolle aus? Wie sehen mich die anderen in dieser Rolle? Wo sind die wertvollen Seiten an dieser Rolle?

■ Liturgischer Text

Guter Gott,
nur eine Nebenrolle haben,
nur die zweite Geige spielen,
nur in der hinteren Reihe stehen.
Nicht einfach -
in einer Welt der Profilierung
in einer Welt der Bühnenscheinwerfer
in einer Welt des schnellen Erfolges.
Gib mir die Gelassenheit, meine Rolle anzunehmen.
Gib mir die Kraft, meine Rolle ernst zu nehmen.

Gib mir die Großzügigkeit, mich nicht so wichtig zu nehmen.
Darum bitten wir durch Christus unseren Herrn. Amen.

■ **Lied**

–   Josef, lieber Josef mein
    Text und Melodie zu finden unter:
    http://www.weihnachtsklassiker.de/Lieder/Josef.pdf

Weihnachten – Der Stern von Benares

■ Impulstext

Sie ist groß, schlank und schön. Die junge Frau mit den strahlend blauen Augen heißt Stella Deetjen und stammt aus dem Taunus. Als sie sich unter Magenkrämpfen am Ufer des Ganges windet, ist allerdings nicht viel von ihrer Ausstrahlung übrig geblieben. Sie ist auf einer Rucksacktour durch Indien in Benares gelandet und leidet wie die meisten Touristen unter den üblichen Magenproblemen. Ein Häufchen Elend.

Da kommt ein leprakranker Bettler auf sie zu und fragt, ob er helfen kann. Er legt ihr seine verstümmelte Hand auf den Kopf und segnet sie. Stella ist dankbar für den Beistand und fragt den Leprakranken nach seinem Namen. Der wundert sich. Denn Lepröse gelten hier eigentlich als unberührbar. Selbst die eigenen Familien verstoßen sie. Kein Mensch will was von ihnen wissen, geschweige denn ihren Namen.

»Musafir war der erste«, sagt Stella Deetjen. Inzwischen sind 12 Jahre vergangen. Aus ihrer Rucksacktour ist ein Lebensprojekt geworden. Es heißt »Back to Life« und will Leprakranken helfen, zurück in ihr Leben zu finden. Sie hat eine Straßenklinik aufgebaut, verteilt Medikamente und leistet Aufklärung in Sachen Lepra. Lepra ist nämlich behandelbar und längst nicht so ansteckend, wie alle denken.

Einmal im Jahr kommt Stella nach Deutschland zurück, um Spenden zu sammeln. Meistens kurz vor Weihnachten. Aber lange hält sie es hier nicht aus. Es zieht sie zurück zu ihren Straßenkindern im neu gegründeten Kinderheim von Benares draußen bei der Müllhalde.

»Wenn ich zurückkomme«, erzählt Stella, »muss ich mich auf ein Bett setzen. Die Kinder stellen einen Ventilator an und lassen Blütenblätter auf mich regnen. Dann weiß ich: Ich hab gefunden, wonach ich immer gesucht habe.«

Aber nicht nur Stella hat gesucht und gefunden, sondern auch die Straßenkinder und die Leprakranken von Benares. »Stella« ist übrigens das lateinische Wort für »Stern«. Stella gibt Orientierung, Licht und Wärme. Stella – der Stern von … – nein nicht von Bethlehem, aber der Stern von Benares.

▮ Biblischer Text: Mt 2,1–2.9–11

Als Jesus zur Zeit des Königs Herodes in Betlehem in Judäa geboren worden war, kamen Sterndeuter aus dem Osten nach Jerusalem und fragten: Wo ist der neugeborene König der Juden? Wir haben seinen Stern aufgehen sehen und sind gekommen, um ihm zu huldigen.
Und der Stern, den sie hatten aufgehen sehen, zog vor ihnen her bis zu dem Ort, wo das Kind war; dort blieb er stehen.
Als sie den Stern sahen, wurden sie von sehr großer Freude erfüllt. Sie gingen in das Haus und sahen das Kind und Maria, seine Mutter; da fielen sie nieder und huldigten ihm. Dann holten sie ihre Schätze hervor und brachten ihm Gold, Weihrauch und Myrrhe als Gaben dar.

▮ Aktivierung

- TN beschriften breit gebügelte Strohalme (Bastelbedarf für Strohsterne) unter den folgenden Leitfragen: Wo kann ich Wärme und Licht verbreiten?
- Danach werden Strohhalme zu einem Stern gebunden.
- Der Stern kann gut sichtbar an den Christbaum in der Kirche gehängt werden.

▮ Liturgischer Text

Guter Gott,
ein Stern will ich sein –
blinzeln,
funkeln,
leuchten.
Ein Stern will ich sein –
Punkt,
Zeichen,
Licht.
Ein Stern will ich sein –
Orientierung geben,
Heimat geben,

Halt geben.
Willst du mein Stern sein,
Guter Gott?

◼ Lied

– EG 551, EH 193, GL 07, (Beiheft für das Erzbistum FR), KR 343, RU 226, TR 257: Stern über Betlehem

Jahresbeginn – Die Inselfrage

▦ Impulstext

Zu Beginn des neuen Jahres werden gerne Umfrageergebnisse veröffentlicht.
Zum Beispiel Wünsche, Sorgen oder Prognosen für's neue Jahr. Jetzt hat das
Emnid-Institut mal wieder die berühmte Insel-Frage gestellt: »Was würden sie
am liebsten auf eine einsame Insel mitnehmen?«

Ein paar wenige der Befragten haben sich für ihren mp3-Player entschieden. 5 %
der Befragten hätten gerne George Clooney oder Penelope Cruz dabei. 9 % würden am liebsten ihren Hund mitnehmen und stolze 77 % ihren Lebenspartner.

Im 3. Jh. v. Chr. hat schon ein biblischer Philosoph namens Kohelet über die
Frage nachgedacht, was wichtig ist im Leben. Auch er kommt zu dem Schluss,
dass Besitz oder Geld eigentlich gar nicht so viel wert sind. Die Beziehungen
sind es, die ein Leben reich machen. Die Emnid-Umfrage bestätigt das.

Kohelet nennt auch ganz konkrete Vorteile. Im Buch Kohelet heißt es: »Zwei
sind besser als einer allein. Denn wenn sie hinfallen, richtet einer den anderen
auf. Außerdem: Wenn zwei zusammen schlafen, wärmt einer den andern. Und
wenn jemand einen einzelnen auch überwältigt, zwei sind ihm gewachsen.«

Eine Bibelstelle, die gerne bei Hochzeiten verwendet wird. Ich finde, sie passt
auch für Alleinstehende. Denn die merken besonders, wie wichtig Beziehungen
im Leben sind. Das muss nicht unbedingt ein Lebenspartner sein. Das kann auch
eine gute Freundin sein, verständnisvolle Eltern oder ein Kumpel aus dem
Verein.

Natürlich können Beziehungen auch ganz schön anstrengend sein. Und ich
muss sie pflegen. Aber sie machen das Leben interessant und abwechslungs-
reich. Ich finde, es kann sich lohnen darüber nachzudenken, wen ich mit auf
eine einsame Insel nehmen würde. Oder eben: was mir im Leben besonders
wichtig ist.

▦ Biblischer Text: Koh 4, 9–12

Es kommt vor, dass jemand allein steht und niemanden bei sich hat. Ja, er
besitzt nicht einmal einen Sohn oder Bruder. Aber sein Besitz ist ohne Grenzen,

und überdies kann sein Auge vom Reichtum nicht genug bekommen. Doch für wen strenge ich mich dann an, und warum gönne ich mir kein Glück? Auch das ist Windhauch und ein schlechtes Geschäft.

Zwei sind besser als einer allein, falls sie nur reichen Ertrag aus ihrem Besitz ziehen. Denn wenn sie hinfallen, richtet einer den anderen auf. Doch wehe dem, der allein ist, wenn er hinfällt, ohne dass einer bei ihm ist, der ihn aufrichtet. Außerdem: Wenn zwei zusammen schlafen, wärmt einer den andern; einer allein – wie soll er warm werden? Und wenn jemand einen einzelnen auch überwältigt, zwei sind ihm gewachsen, und eine dreifache Schnur reißt nicht so schnell.

■ Aktivierung

- TN füllen bei meditativer Musik das das Blatt »Beziehungsbaum« (s. Anlage) aus.
- Danach können sich die TN paarweise darüber austauschen.

■ Liturgischer Text

Psalm 38 (in Auszügen) wird im Wechsel gebetet:

Herr, strafe mich nicht in deinem Zorn, *
und züchtige mich nicht in deinem Grimm!
    Denn deine Pfeile haben mich getroffen, *
    deine Hand lastet schwer auf mir.
Ich bin gekrümmt und tief gebeugt, *
den ganzen Tag geh' ich traurig einher.
    Denn meine Lenden sind voller Brand, *
    nichts blieb gesund an meinem Leib.
Kraftlos bin ich und ganz zerschlagen, *
ich schreie in der Qual meines Herzens.
    All mein Sehnen, Herr, liegt offen vor dir, *
    mein Seufzen ist dir nicht verborgen.
Mein Herz pocht heftig, mich hat die Kraft verlassen, *
geschwunden ist mir das Licht der Augen.

Freunde und Gefährten bleiben mir fern in meinem Unglück, *
und meine Nächsten meiden mich.
Doch auf dich, Herr, harre ich; du wirst mich erhören, *
Herr, mein Gott. Herr, verlass mich nicht,
      bleib mir nicht fern, mein Gott! *
      Eile mir zu Hilfe, Herr, du mein Heil!
Ehre sei dem Vater und dem Sohn *
und dem Heiligen Geist,
      wie im Anfang, so auch jetzt und alle Zeit *
      und in Ewigkeit. Amen.

■ Lied

– KR 374, RU 248, TR 115: Wenn du singst, sing nicht allein

6. Januar – Die drei Könige und der Weihrauch

▣ Impulstext

In einer »Wetten dass« Show hatte Thomas Gottschalk einmal zwei echte Supernasen zu Gast: Sandra und Daniel, zwei Ministranten aus der Eifel. Sie schafften es tatsächlich, 40 Weihrauchsorten mit verbundenen Augen am Geruch zu erkennen. Thomas Gottschalk war früher selbst Ministrant, aber er wunderte sich trotzdem: »Ich wusste gar nicht, dass es so viele Sorten gibt.«

Weihrauch wird aus dem getrockneten Harz des Weihrauchbaumes gewonnen. Dieser wächst in verschiedenen Trockengebieten in Afrika, Arabien und Indien. Deshalb gibt es auch so viele Sorten. Legt man die getrockneten Harzklümpchen auf eine glühende Kohle, dann beginnt es zu rauchen.

Dass Weihrauch high macht, konnte noch nicht nachgewiesen werden und ist und bleibt wohl ein Ministrantengerücht. Allerdings hat er eine heilsame Wirkung. Die Uni Tübingen hat jetzt in einer Studie bestätigt, dass Weihrauchharz tatsächlich entzündungshemmende Substanzen enthält.

Das dürften die alten Ägypter wohl noch nicht gewusst haben. Aber schon sie verwendeten Weihrauch. Er galt als Zeichen der Verehrung und sie nannten ihn »Schweiß der Götter«. Auch den römischen Kaisern wurden gerne Weihrauchgefäße vorangetragen. Neben dem Zeichen der Verehrung hatte das noch einen ganz praktischen Zweck: Der Rauch übertünchte den üblichen Kloakengestank in den Straßen der Städte.

In besonders feierlichen katholischen Messen wird auch heute noch das Weihrauchfass geschwungen. Als Zeichen der Reinigung und Verehrung werden Brot und Wein, die Heilige Schrift, der Priester und die ganze Gemeinde beweihräuchert. Vor allem aber ist der aufsteigende Rauch ein Zeichen für das Aufsteigen unserer Gebete zu Gott. Im Psalm 141 heißt es: »Herr, ich rufe zu dir. Wie ein Rauchopfer steige mein Gebet zu dir auf.«

In diesen Tagen werden wieder die Sternsinger unterwegs sein. Auch sie haben meistens ein Weihrauchfass dabei. Für alle, die den Weihrauchduft nicht so mögen – denken Sie einfach daran: Weihrauch ist gesund, ein Zeichen der Verehrung, und er trägt Ihre Gebete mit in den Himmel.

■ Biblischer Text: Offb 8, 3–4

Einleitung:
Die Offenbarung des Johannes ist eine »Apokalypse«, d. h. eine Vision vom An-
bruch des Reiches Gottes. Der Verfasser verwendet in seiner Schrift starke Bilder
und symbolische Szenen. Sie sollte keineswegs als vorausschauende Beschreibung
der Abläufe gesehen werden, sondern als Ermutigung zum Christsein in einer
schwierigen Zeit.

Und ein anderer Engel kam und trat mit einer goldenen Räucherpfanne an den
Altar; ihm wurde viel Weihrauch gegeben, den er auf dem goldenen Altar vor
dem Thron verbrennen sollte, um so die Gebete aller Heiligen vor Gott zu bringen. Aus der Hand des Engels stieg der Weihrauch mit den Gebeten der Heiligen
zu Gott empor.

■ Aktivierung

- TN bekommen jeweils ein Weihrauchkörnchen ausgeteilt.
- »Weihrauchmeditation« (s. Anlage) wird vorgelesen.
- Ein Fürbittritual schließt sich an: TN legen ihr Weihrauchkorn auf eine
  Zündkohle und beobachten den aufsteigenden Rauch.
- Nach jeder Fürbitte folgt der Liedruf: Wie Weihrauch steige mein Gebet
  (s. Anlage)

■ Liturgischer Text

Psalm 141 (in Auszügen) wird im Wechsel gebetet:

Herr, ich rufe zu dir. Eile mir zu Hilfe; *
höre auf meine Stimme, wenn ich zu dir rufe.
    Wie ein Rauchopfer steige mein Gebet vor dir auf; *
    als Abendopfer gelte vor dir, wenn ich meine Hände erhebe.
Herr, stell eine Wache vor meinen Mund, *
eine Wehr vor das Tor meiner Lippen!

Gib, dass mein Herz sich bösen Worten nicht zuneigt, *

dass ich nichts tue, was schändlich ist, zusammen mit Menschen, die Unrecht tun.

Der Gerechte mag mich schlagen aus Güte: *

Wenn er mich bessert, ist es Salböl für mein Haupt.

Haben ihre Richter sich auch die Felsen hinabgestürzt, *

sie sollen hören, dass mein Wort für sie freundlich ist.

Mein Herr und Gott, meine Augen richten sich auf dich; *

bei dir berge ich mich. Gieß mein Leben nicht aus!

Vor der Schlinge, die sie mir legten, bewahre mich, *

vor den Fallen derer, die Unrecht tun!

Die Frevler sollen sich in ihren eigenen Netzen fangen, *

während ich heil entkomme.

Ehre sei dem Vater und dem Sohn *

und dem Heiligen Geist,

wie im Anfang so auch jetzt und alle Zeit *

und in Ewigkeit. Amen.

■ Lied

–   KR 212, EG 272, EH 265, RU 106: Ich lobe meinen Gott von ganzem Herzen

4. Februar – Hl. Veronika

▣ Impulstext

Jesus schleppt sich den Weg zur Schädelhöhe hinauf. Die Folter steckt ihm noch in den Knochen, und das Gewicht des Kreuzbalkens drückt ihm auf die Schultern. Er ist am Limit.

Der Legende nach springt eine junge Frau aus der Zuschauermenge. Ein gewagtes Unternehmen, denn die römischen Soldaten sind nicht zimperlich. Die Frau heißt Veronika, eine Anhängerin Jesu. Sie hat Mitleid, will ihm etwas Gutes tun. Liebevoll wischt sie ihm mit einem Tuch Blut, Schweiß und Staub vom Gesicht. Dann ein Wunder: Das Gesicht Jesu bleibt als Abdruck auf dem Schweißtuch sichtbar.

Es wurde viel um diese Legende gestritten: ob sie stimmt oder nicht. Und wenn ja, ob es das Schweißtuch bis heute noch gibt. Ob es in Rom oder in Manopello liegt. Zweitrangig, finde ich. Aber fast jede Legende hat einen wahren Kern.

Der Kern der Veronika-Geschichte könnte sein: Gott hat ein Gesicht. Er ist nicht nur ein philosophisches Prinzip, sondern hat sich den Menschen in Jesus gezeigt. Gott hat ein Gesicht, und zwar aus Blut und Schweiß, aus Staub und Tränen. Also ein Gesicht, dem das Leid der Menschen nicht fremd ist.

Interessant finde ich auch, dass sich das Gesicht gerade der Veronika zeigt. Eine Frau, die im Kreuzigungsspektakel nicht nur Zuschauerin bleibt. Sie tritt heraus aus dem Mob, wagt etwas, riskiert den Zorn der Soldaten. Und sie handelt aus Liebe.

Heute feiert die Kirche den Gedenktag der Heiligen Veronika. Ihr Name setzt sich aus den lateinischen Wörtern »vera« und »icon« zusammen. Das heißt übersetzt »wahres Bild«. Die Legende könnte uns also auch noch sagen: Wer so mutig und hilfreich handelt wie Veronika, dem zeigt Gott sein wahres Gesicht. Und zwar nicht nur flüchtig, sondern dauerhaft. Wie ein Abdruck eben.

■ Biblischer Text: Lk 23, 32–33.39–43

Einleitung:
Im Februar einen Text von der Kreuzigung Jesu zu hören, das ist etwas unge-
wohnt. Aber hier soll Veronika gewirkt haben. Und auch hier erkennt einer das
wahre Gesicht Jesu.

Zusammen mit Jesus wurden auch zwei Verbrecher zur Hinrichtung geführt. Sie kamen zur Schädelhöhe; dort kreuzigten sie ihn und die Verbrecher, den einen rechts von ihm, den andern links.

Einer der Verbrecher, die neben ihm hingen, verhöhnte ihn: Bist du denn nicht der Messias? Dann hilf dir selbst und auch uns! Der andere aber wies ihn zurecht und sagte: Nicht einmal du fürchtest Gott? Dich hat doch das gleiche Urteil getroffen. Uns geschieht recht, wir erhalten den Lohn für unsere Taten; dieser aber hat nichts Unrechtes getan.

Dann sagte er: Jesus, denk an mich, wenn du in dein Reich kommst. Jesus antwortete ihm: Amen, ich sage dir: Heute noch wirst du mit mir im Paradies sein.

■ Aktivierung

- TN sollen mit ihren Fingerabdrücken gemeinsam das Gesicht Jesu darstellen.
- Dazu stellt GL ein Stempelkissen und einen großen Bogen Papier zur Verfügung.
- Das ganze sollte reihum und in Stille stattfinden.

■ Liturgischer Text

Guter Gott,
manchmal kann ich dich ahnen,
manchmal kann ich dich vermuten.
manchmal kann ich dich spüren.
Stärke mich auf dem Weg zu dir
durch Menschen und Gesichter,
in denen du aufstrahlst. Amen.

■ Lied

- EH 241.1, KR 224, RU 210: Jesus, remember me

Rosenmontag – Umzug in Jerusalem

■ Impulstext

Die Rosenmontagsumzüge gibt es bei uns schon seit fast 200 Jahren. Ich bin in der Bibel auf etwas ganz Ähnliches gestoßen. Das war allerdings schon um die 1000 v. Chr., als König David in Israel regierte. Damals gab es einen Umzug mit allem, was dazu gehört: Wagen, Musikkapelle, ausgelassenen Jecken und Beschwerden von Anwohnern.

Der junge König David hat gerade Jerusalem erobert und ist in die Burg eingezogen. Aber es fehlt noch etwas zu seinem Glück. Die Bundeslade steht noch in Ba'ala im Süden des Landes. Die Bundeslade war für das Volk Israel das wichtigste Heiligtum. Eine goldene, reich verzierte Truhe, in der die beiden original Steintafeln mit den 10 Geboten aufbewahrt wurden.

König David zieht also mit seinem ganzen Gefolge nach Ba'ala. Dort laden sie das Heiligtum auf einen großen Wagen. Aus lauter Freude tanzen und singen sie voller Hingabe, König David vorne weg. Eine Kapelle stellen sie auch auf die Beine: Harfen, Zithern und Pauken begleiten den Umzug den ganzen Weg bis Jerusalem.

Als die Parade durch die Straßen der Hauptstadt zieht, gibt es auf einmal einen kleinen Aufruhr: Michal, die Frau von David, schaut aus ihrem Fenster und rümpft die Nase. Später stellt sie ihn zur Rede: »Peinlich, peinlich. Du machst dich zum Affen vor all deinen Untertanen.« Doch David antwortet ihr: »Ich tu's für Gott. Ich tanze und singe, weil ich weiß, dass ich ihm alles zu verdanken habe. Ich bin zwar König, aber Gott ist so viel größer als ich.«

Damals ein Umzug, um Gott zu verehren, und heute die Rosenmontagzüge, um Freude und Lust am Leben zu zeigen. Ich finde, so weit sind die beiden gar nicht voneinander entfernt. Und König David war sich damals ja schon sicher: Die Lust am Leben und Gott gehören einfach zusammen.

■ Biblischer Text: 2 Sam 6,14–17.19–22

Einleitung:
König David bringt das wichtigste Heiligtum der Israeliten, die Bundeslade, zu-
rück nach Jerusalem. Aber seine Frau Michal sieht es gar nicht gerne, wenn David
so ausgelassen ist. In der Bibel steht:

Und David tanzte mit ganzer Hingabe vor dem Herrn her (…). So brachten David und das ganze Haus Israel die Bundeslade unter Jubelgeschrei und unter dem Klang des Widderhorns hinauf (nach Jerusalem).
Als die Lade des Herrn in die Davidstadt kam, schaute Michal (…) aus dem Fenster, und als sie sah, wie der König David vor dem Herrn hüpfte und tanzte, verachtete sie ihn in ihrem Herzen.
Man trug die Bundeslade in das Zelt, das David für sie aufgestellt hatte (…) und ließ an das ganze Volk je einen Laib Brot, einen Dattelkuchen und einen Traubenkuchen austeilen. Dann gingen alle wieder nach Hause.
Als David zurückkehrte, um seine Familie zu begrüßen, kam ihm Michal (…) entgegen und sagte: Wie würdevoll hat sich heute der König von Israel benommen, als er sich vor den Augen der Mägde (…) bloßgestellt hat, wie sich nur einer vom Gesindel bloßstellen kann.
David erwiderte Michal: Vor dem Herrn (…) habe ich
getanzt; für ihn will ich mich gern noch geringer machen als diesmal (…).

■ Aktivierung

- TN schreiben auf roten Nasen, was ihnen Lust am Glauben macht.
- Variante I: Sie setzen sie sich auf und lesen sie sich gegenseitig vor.
- Variante II: Man setzt seine beschriftete einem anderen TN auf. Dieser muss durch Ja-/Nein- Fragen erraten, was auf seiner Nase steht.

■ Liturgischer Text

Guter Gott,
segne unsere Geselligkeit, unsere Freude, unser Lachen.
Segne unsere Ausgelassenheit, unsere Bewegung, unseren Humor.

Segne alles, was uns froh macht
und sei bei uns, wenn wir das Leben genießen,
im Namen des Vaters, des Sohnes und des Heiligen Geistes. Amen.

Lied

– KR 163, TR 37: Hallelu, Preiset den Herrn
– Das Lied kann als Aktionslied gesungen werden: Die eine Hälfte singt immer
  die Textzeile »Hallelu« und steht dabei auf. Die andere Hälfte antwortet mit
  »Preiset den Herrn« und steht ebenfalls dabei auf. So wechseln sich die
  beiden Hälften mit Stehen und Singen ab.

Fastnacht – Jesus auf dem Wasser

Impulstext

In Matthäus 14 steht,
wie Jesus übers Wasser geht.
Das Ganze soll heut närrisch sein,
deshalb erzähl' ich es im Reim:

Wir sind am See Genezareth,
die Jünger wollen grad ins Bett,
da sagt der Meister: »Steigt ins Boot
und rudert raus ins Abendrot.
Ich komme gleich und – keine Fragen!«,
das Wann und Wie lässt er im Vagen.

Die Jünger dümpeln so dahin,
da kommt ein Sturm, sie wollen fliehn.
Mit reichlich Angst und Gegenwind
die halbe Nacht auf See sie sind.
Und sie denken: »Scheibenkleister!
Wo bleibt nur unser Herr und Meister?«

Und plötzlich, als hätt' er's vernommen,
kommt er backbord – nicht geschwommen –,
sondern im galanten Gang
auf einem Wellenkamm entlang.
Er beruhigt den wilden See,
dann kommt er an Bord zum Tee.
Und die Jünger, erst erschrocken,
sind dankbar jetzt und von den Socken.

Nun fragt sich jüngst ein schlauer Mann,
wie so was funktionieren kann.
Er berechnet mit viel Zahlen

die Verdrängung von Sandalen.
Auch Wasserdichte und Gewicht
vergisst er in der Formel nicht.
Und schließlich kommt er zu dem Schluss,
dass da was nicht stimmen muss.
Um übers Wasser schön zu laufen,
ohne dabei abzusaufen,
müsst auf dem Tacho 70 stehn.
Unmöglich kann so etwas gehn!
Jesus würd' das niemals schaffen
der macht höchstens 20 Sachen.
Also alles nur gelogen?
Hat die Schrift uns gar betrogen?

Die Bibel will glaub mehr uns sagen
als Fakten, Daten, Jahreszahlen.
Es kommt Matthäus nicht drauf an,
wie schnell der Jesus laufen kann.
Ich glaub', er will eh'r unserm Leben
eine gute Richtung geben.

In meinem Leben – ganz normal –
läuft's nicht immer optimal.
Wenn ich mal Grund habe zu klagen,
mich Gegenwind und Wellen plagen,
dann kann ich mir ganz sicher sein,
ob nun auf See oder daheim,
dass Jesus in der Nähe ist
und vor'm Gröbsten mich beschützt.
Egal mit wie viel km/h
Hauptsache ist doch: er ist da!
Natürlich reicht's nicht auszuruhn,
ich muss schon auch noch selbst was tun.
Das Wichtigste ist, dass ich vertrau!
In diesem Sinne: Juhu und Helau!

■ Biblischer Text: Mt 14, 22–33

Gleich darauf forderte (Jesus) die Jünger auf, ins Boot zu steigen und an das andere Ufer vorauszufahren. Inzwischen wollte er die Leute nach Hause schicken. Nachdem er sie weggeschickt hatte, stieg er auf einen Berg, um in der Einsamkeit zu beten. Spät am Abend war er immer noch allein auf dem Berg.

Das Boot aber war schon viele Stadien vom Land entfernt und wurde von den Wellen hin und her geworfen; denn sie hatten Gegenwind. In der vierten Nachtwache kam Jesus zu ihnen; er ging auf dem See. Als ihn die Jünger über den See kommen sahen, erschraken sie, weil sie meinten, es sei ein Gespenst, und sie schrien vor Angst.

Doch Jesus begann mit ihnen zu reden und sagte: Habt Vertrauen, ich bin es; fürchtet euch nicht! Darauf erwiderte ihm Petrus: Herr, wenn du es bist, so befiehl, dass ich auf dem Wasser zu dir komme. Jesus sagte: Komm! Da stieg Petrus aus dem Boot und ging über das Wasser auf Jesus zu.

Als er aber sah, wie heftig der Wind war, bekam er Angst und begann unterzugehen. Er schrie: Herr, rette mich! Jesus streckte sofort die Hand aus, ergriff ihn und sagte zu ihm: Du Kleingläubiger, warum hast du gezweifelt? Und als sie ins Boot gestiegen waren, legte sich der Wind. Die Jünger im Boot aber fielen vor Jesus nieder und sagten: Wahrhaftig, du bist Gottes Sohn.

■ Aktivierung

– TN spielen ein »Tempospiel«: Sie stellen sich im Kreis auf und lassen jeweils etwas Abstand zum Nebenspieler.
– Jetzt wird ein Kissen reihum geworfen, je schneller, desto besser.
– Im nächsten Schritt kommt ein zweites Kissen dazu. Es startet genau gegenüber des ersten Kissens. Aufgabe ist es nun, dass das zweite Kissen das erste Kissen einholt.

■ Liturgischer Text

Psalm 18 (in Auszügen) wird im Wechsel gebetet:

Ich will dich rühmen, Herr, meine Stärke, *
Herr, du mein Fels, meine Burg,
    mein Retter, mein Gott, meine Feste, in der ich mich berge, *
    mein Schild und sicheres Heil, meine Zuflucht.
Ich rufe: Der Herr sei gepriesen!, *
und ich werde vor meinen Feinden gerettet.
    Mich umfingen die Fesseln des Todes, *
    mich erschreckten die Fluten des Verderbens.
Die Bande der Unterwelt umstrickten mich, *
über mich fielen die Schlingen des Todes.
    In meiner Not rief ich zum Herrn und schrie zu meinem Gott, *
    mein Hilfeschrei drang an sein Ohr.
Er entriss mich meinen mächtigen Feinden, *
die stärker waren als ich und mich hassten.
    Sie überfielen mich am Tag meines Unheils, *
    doch der Herr wurde mein Halt.
Er führte mich hinaus ins Weite, er befreite mich, *
denn er hatte an mir Gefallen.
    Du, Herr, lässt meine Leuchte erstrahlen, *
    mein Gott macht meine Finsternis hell.
Mit dir erstürme ich Wälle, *
mit meinem Gott überspringe ich Mauern.
    Gott hat mich mit Kraft umgürtet, *
    er führte mich auf einen Weg ohne Hindernis.
Er ließ mich springen schnell wie Hirsche, *
auf hohem Weg ließ er mich gehen.
    Er lehrte meine Hände zu kämpfen, *
    meine Arme, den ehernen Bogen zu spannen.
Du schaffst meinen Schritten weiten Raum, *
meine Knöchel wanken nicht.
    Es lebt der Herr! Mein Fels sei gepriesen. *
    Der Gott meines Heils sei hoch erhoben;

Du hast mich von meinen Feinden befreit, *
dem Mann der Gewalt mich entrissen.
    Darum will ich dir danken, Herr, vor den Völkern, *
    ich will deinem Namen singen und spielen.
Ehre sei dem Vater und dem Sohn *
und dem Heiligen Geist
    wie im Anfang so auch jetzt und alle Zeit *
    und in Ewigkeit. Amen.

■ Lied

–   KR 265, TR 443: Flinke Hände, flinke Füße

II. Frühling

... über Schnecken, grünes Bier und Abschiedspartys

Aschermittwoch – Aschermittwoch in Ninive

■ Impulstext

Die letzten Tage waren für Jona alles andere als ruhig. Alles fing damit an, dass Gott gerade ihm den letzten Job zuschustern wollte: In die Stadt Ninive gehen und den Bewohnern kräftig einheizen, weil sie ein gottloses Leben führen. »Ohne mich!«, hatte Jona zuerst noch gedacht. Aber bald war klar, dass er um diesen Auftrag nicht herum kommen würde. Ja, das Los eines Propheten kann hart sein.

Und nun läuft Jona schon den ganzen Tag durch den Sündenpfuhl Ninive. Es bringt ja wahrscheinlich nichts. Aber allen die es hören wollen oder auch nicht schreit er zu: »Ihr müsst euer Leben radikal umstellen, sonst wird eure Stadt innerhalb von 40 Tagen zerstört!«

Dann eine unerwartete Wende: Der König hat von Jonas Auftritt gehört. Aber anstatt ihn hochkant aus der Stadt zu werfen, legt er seinen Königsmantel ab, zieht ein sackartiges Bußkleid an und setzt sich in einen Haufen Asche. Ein uraltes Zeichen dafür, dass man seine Taten bereut und sich bessern will.

Der König geht noch weiter: Er lässt in der ganzen Stadt eine Fastenzeit ausrufen: Niemand soll essen oder trinken. Alle sollen laut zu Gott beten, ihre Sünden bereuen und ein besseres Leben führen als bisher. Ich finde, das klingt wie Aschermittwoch in Ninive.

Das beste an der Geschichte kommt aber zum Schluss. Und das ist wahrscheinlich auch der Grund, warum sie überhaupt geschrieben wurde: Gott tun die Bewohner von Ninive leid. Er lässt ab von seinem ursprünglichen Plan und verschont die Stadt.

Es sieht so aus, als ob es für Gott nie zu spät ist, seine Fehler einzugestehen und etwas zu ändern. Ob am Aschermittwoch oder sonst irgendwann im Leben.

■ Biblischer Text: Jona 3,1–10

Das Wort des Herrn erging zum zweiten Mal an Jona: Mach dich auf den Weg, und geh nach Ninive, in die große Stadt, und droh ihr all das an, was ich dir sagen werde.

Jona machte sich auf den Weg und ging nach Ninive, wie der Herr es ihm befohlen hatte. Ninive war eine große Stadt vor Gott; man brauchte drei Tage, um sie zu durchqueren. Jona begann, in die Stadt hineinzugehen; er ging einen Tag lang und rief: Noch vierzig Tage, und Ninive ist zerstört!

Und die Leute von Ninive glaubten Gott. Sie riefen ein Fasten aus, und alle, groß und klein, zogen Bußgewänder an. Als die Nachricht davon den König von Ninive erreichte, stand er von seinem Thron auf, legte seinen Königsmantel ab, hüllte sich in ein Bußgewand und setzte sich in die Asche. Er ließ in Ninive ausrufen: Befehl des Königs und seiner Großen: Alle Menschen und Tiere, Rinder, Schafe und Ziegen, sollen nichts essen, nicht weiden und kein Wasser trinken. Sie sollen sich in Bußgewänder hüllen, Menschen und Tiere. Sie sollen laut zu Gott rufen, und jeder soll umkehren und sich von seinen bösen Taten abwenden und von dem Unrecht, das an seinen Händen klebt. Wer weiß, vielleicht reut es Gott wieder, und er lässt ab von seinem glühenden Zorn, so dass wir nicht zugrunde gehen.

Und Gott sah ihr Verhalten; er sah, dass sie umkehrten und sich von ihren bösen Taten abwandten. Da reute Gott das Unheil, das er ihnen angedroht hatte, und er führte die Drohung nicht aus.

■ Aktivierung

– TN produzieren gemeinsam »Aschermittwochs-Asche«, indem sie Palmzweige vom letztjährigen Palmsonntag in einem Ton- oder Metallgefäß verbrennen. Sind keine Palmzweige mehr zur Hand, können auch ganz normale getrocknete Buchszweige o. ä. verwendet werden.

– Danach wird die Asche gesegnet mit den Worten: »Wir bitten Gott, dass er diese Asche segne, die wir als Zeichen der Buße empfangen. Im Namen des Vaters und des Sohnes und des Heiligen Geistes. Amen.«

– GL zeichnet den TN ein Aschekreuz auf die Stirn und spricht die Worte: »Bedenke, dass du Staub bist und wieder zum Staub zurückkehren wirst.«

■ Liturgischer Text

Guter Gott,
gib mir Kraft für die nächsten 40 Tage.

Kraft, Altes zu lassen
Kraft, Neues zu probieren
Kraft auszuhalten
Kraft einzulösen
Kraft zum Zweifeln
Kraft zum Glauben -
glauben an dich und deinen Weg mit mir
in den nächsten 40 Tagen und für immer. Amen.

Lied

– EH 295: Mit Asche auf der Stirn

1. Mit__ A-sche auf der Stirn Ver-gäng-lich-keit er-spür'n und Got-tes Herz be-rühr'n mit A-sche auf der Stirn.

Text: Hermann Schulze-Bernd, Musik: Markus Grohmann © Bei den Autoren

Fastenzeit – Frustfressen

■ Impulstext

Mittwochabend. Ich komme von einer nervigen Sitzung nach Hause. Meine Füße führen mich wie automatisch zum Kühlschrank. Eigentlich ist das meistens so, wenn ich einen dicken Hals habe. Frustfressen nennt man das wohl. Essen als Ablenkung oder als Belohnung für das, was ich gerade durchmachen musste.

Und kurze Zeit später ärgere ich mich schon wieder darüber. Was habe ich da gerade alles in mich reingestopft, nur um den Ärger oder die Enttäuschung besser runterzuschlucken zu können.

Der Benediktinerpater Anselm Grün sagt, dass wir oft einfach nur essen, um unseren echten Gefühlen aus dem Weg zu gehen. »Wir stopfen uns zu, sobald sich durch den Spalt des Hungers unsere verwundete Seele zu Wort meldet«, sagt er. Wenn ich's mir so recht überlege, trifft das in vielen Fällen auch bei mir zu: Wenn ich unzufrieden bin, wenn ich keine Lust habe, wenn ich wütend bin – immer dann muss der Kühlschrank herhalten.

Die Wochen vor Ostern wären eigentlich der richtige Zeitpunkt, das Frustfressen mal etwas abzuwandeln. Anselm Grün macht den Vorschlag, das Essen wieder mehr zu schätzen. Er sagt: »Unsere Esssucht wird nicht durch Verzichten besiegt, sondern dadurch, dass wir das Genießen wieder lernen.« Stimmt eigentlich: Wenn ich genieße, dann stopfe ich nicht. Und wenn ich mich dann noch meinem Frust stelle, mich mit meinem Ärger auseinander setze, dann ist er wahrscheinlich schneller weg, als wenn ich ihn unter einer dicken Schicht Frustfressen begrabe.

■ Biblischer Text: Mk 2, 18–20

Einleitung:
Die Juden zur Zeit Jesu mussten nur am »Versöhnungstag« fasten. Besonders fromme Gruppen fasteten darüber hinaus montags und donnerstags stellvertretend für die Sünden anderer. Jesus und seine Jünger fasteten nicht, sie wollten sich von der jüdischen Fastenpraxis absetzen.

Da die Jünger des Johannes und die Pharisäer zu fasten pflegten, kamen Leute zu Jesus und sagten: Warum fasten deine Jünger nicht, während die Jünger des Johannes und die Jünger der Pharisäer fasten?

Jesus antwortete ihnen: Können denn die Hochzeitsgäste fasten, solange der Bräutigam bei ihnen ist? Solange der Bräutigam bei ihnen ist, können sie nicht fasten. Es werden aber Tage kommen, da wird ihnen der Bräutigam genommen sein; an jenem Tag werden sie fasten.

◼ Aktivierung

– TN erhalten ein edles Stück Schokolade (mit Unterlage gegen Schmelzen) gereicht.
– GL liest den Text »Schokoladen-Meditation« vor (s. Anlage).
– Währenddessen betrachten, beschnuppern und verzehren die TN das Schokostück langsam, bewusst mit allen Sinnen.

◼ Liturgischer Text

Psalm 51 (in Auszügen) wird im Wechsel gebetet:

Gott, sei mir gnädig nach deiner Huld, *
tilge meine Frevel nach deinem reichen Erbarmen!
    Wasch meine Schuld von mir ab, *
    und mach mich rein von meiner Sünde!
Denn ich erkenne meine bösen Taten, *
meine Sünde steht mir immer vor Augen.
    Entsündige mich mit Ysop, dann werde ich rein; *
    wasche mich, dann werde ich weißer als Schnee.
Sättige mich mit Entzücken und Freude! *
Jubeln sollen die Glieder, die du zerschlagen hast.
    Verbirg dein Gesicht vor meinen Sünden, *
    tilge all meine Frevel!
Erschaffe mir, Gott, ein reines Herz, *
und gib mir einen neuen, beständigen Geist!
    Mach mich wieder froh mit deinem Heil; *

mit einem willigen Geist rüste mich aus!
Herr, öffne mir die Lippen, *
und mein Mund wird deinen Ruhm verkünden.
Ehre sei dem Vater und dem Sohn *
und dem Heiligen Geist,
wie im Anfang so auch jetzt und alle Zeit *
und in Ewigkeit. Amen.

Lied

– GL 165, TR 216, UW 102: Sag ja zu mir, wenn alles nein sagt

Fastenzeit – Wer langsam reit' kommt grad so weit

▍ Impulstext

Eine Schnecke kriecht im Jahr 400 Meter weit. Unvorstellbar, wenn wir Menschen uns in diesem Tempo fortbewegen müssten. Mein Terminkalender ist inzwischen so eng gestrickt, dass ich auf das Auto kaum verzichten kann. Schnell-schnell ist angesagt, und nicht nur bei der Fortbewegung. Mikrowelle, E-Mail, Kunstdünger – alles Erfindungen, um möglichst viel in immer kürzerer Zeit zu erreichen.

Mich macht dieser Zeitdruck manchmal wahnsinnig. Und deshalb bin ich froh, dass es auch Gegenbewegungen gibt. Die Bewegung »Slow Food« beispielsweise sagt: Nur wer langsam isst kann auch genießen. Oder das Städtegütesiegel »Citta Slow«. Städte mit diesem Siegel zeichnen sich zum Beispiel aus durch verkehrsberuhigte Zonen und Orte der Stille.

Es gibt sogar einen »Verein zur Verzögerung der Zeit«. Die sagen: Es bringt nix, von einem Event zum nächsten zu jagen und meinen Terminkalender bis zum Anschlag voll zu stopfen. Viel eher soll ich mir in regelmäßigen Abständen Pausen und Urlaub gönnen. Oder zumindest Momente, die mich an Urlaub erinnern: Ein Spiel, das mich mitreißt, ein Konzert, ein Abend mit Kumpels oder ein fürstliches Essen.

Vielleicht orientiere ich mich in den kommenden Wochen doch wieder mehr am Tempo der Schnecke, ganz nach dem alten Sprichwort »Wer langsam reit' kommt grad so weit«.

▍ Biblischer Text: Koh 3,1–8.11

Einleitung:
Kohelet dachte im dritten Jahrhundert vor Christus viel über das Sein nach. In einer fast philosophischen Abhandlung schreibt er über die Zeit:

Alles hat seine Stunde. Für jedes Geschehen unter dem Himmel gibt es eine bestimmte Zeit: eine Zeit zum Gebären und eine Zeit zum Sterben, eine Zeit zum Pflanzen und eine Zeit zum Abernten der Pflanzen, eine Zeit zum Töten und eine Zeit zum Heilen, eine Zeit zum Niederreißen und eine Zeit zum Bauen, eine Zeit zum Weinen und eine Zeit zum Lachen, eine Zeit für die Klage und eine Zeit für den Tanz; eine Zeit zum Steine werfen und eine Zeit zum Steine sammeln, eine Zeit zum Umarmen und eine Zeit, die Umarmung zu lösen, eine Zeit zum Suchen und eine Zeit zum Verlieren, eine Zeit zum Behalten und eine Zeit zum Wegwerfen, eine Zeit zum Zerreißen und eine Zeit zum Zusammennähen, eine Zeit zum Schweigen und eine Zeit zum Reden, eine Zeit zum Lieben und eine Zeit zum Hassen, eine Zeit für den Krieg und eine Zeit für den Frieden. Gott hat das alles zu seiner Zeit auf vollkommene Weise getan. Überdies hat er die Ewigkeit in alles hineingelegt, doch ohne dass der Mensch das Tun, das Gott getan hat, von seinem Anfang bis zu seinem Ende wieder finden könnte.

▪ Aktivierung

- TN füllen das Blatt »Meine Zeit-Uhr« aus. Sie errechnen ihre Durchschnittszeiten für Schlafen, Essen, Arbeiten, Zeit mit Freunden / Familie, Zeit mit Gott, Zeit für mich und tragen diese ein.
- Evtl. Austausch darüber mit Blick darauf, wie man die persönliche Zeit-Uhr gerne hätte.
- Alternative: Die Gruppe erstellt aus den zusammengetragenen Ergebnissen eine Zeit-Uhr für die Gruppe (Durchschnittszeiten der Gruppe errechnen).

▪ Liturgischer Text

Guter Gott,
du hast mir Zeit geschenkt.
Zeit für mich,
Zeit für andere,
Zeit für dich.
Zeit zu entspannen,
Zeit, mich für andere einzusetzen,
Zeit fürs Gebet.
Schenke mir den Blick für eine gute Balance.
Lass mich erkennen, welche Zeit gerade dran ist.

Gib mir die Kraft, Zeit einzufordern und zu verschenken.
Darum bitte ich durch Christus unseren Herrn. Amen.

■ Lied

– RU 206: Schenk uns Zeit
– EG 644, EH 121, KR 295: Meine Zeit steht in deinen Händen

Fastenzeit – Sündensäcke

▌ Impulstext

Im niederländischen Utrecht hat es eine Museumsnacht gegeben mit dem Motto »Die sieben Todsünden«. Eine Nacht lang waren alle Museen der Stadt geöffnet. Sie zeigten Ausstellungen und Aktionen rund ums Thema Sünde.

Als Werbegag haben sich die Macher etwas ganz besonderes einfallen lassen: Im Museumsviertel wurden »Sündensäcke« verteilt. So ähnlich wie normale Abfallsäcke, aber eben für Sünden, um begangene Sünden symbolisch zu entsorgen.

Aber die »Sündensäcke« sind ziemlich leer geblieben. Vielleicht sind die Utrechter ja ein besonders frommes Völkchen. Vielleicht ist es aber auch ein Anzeichen dafür, dass unser Bewusstsein für die eigene Schuld rückläufig ist. Wer betrachtet das Parken auf einem Behindertenparkplatz oder kleine Schummeleien in der Steuererklärung heute noch als Sünde?

Wir Christen verstehen unter Sünde das gestörte Verhältnis zu Gott. Und das wird immer dann gestört, wenn ich seine Schöpfung verletze, wie auch immer. Schöpfung Gottes – das ist die Umwelt: Luft und Wasser, Pflanzen und Tiere. Das sind aber auch die anderen Menschen, und natürlich ich selbst. Wenn ich zum Beispiel zu viel arbeite oder zu wenige schlafe, mich selbst also vernachlässige, dann ist das auch Sünde.

Die Fastenzeit – oder Bußzeit wie sie auch genannt wird – ist eine Chance, auf die alltäglichen Sünden aufmerksam zu werden. Und sich zu bessern. Das Wort »Buße« bedeutet nämlich ursprünglich »sich bessern«.

▌ Biblischer Text: Mt 6, 16–18

Einleitung:
In der Bergpredigt gibt Jesus viele Tipps für ein gutes religiöses Leben. Er spricht auch vom Fasten:

Wenn ihr fastet, macht kein finsteres Gesicht wie die Heuchler. Sie geben sich ein trübseliges Aussehen, damit die Leute merken, dass sie fasten. Amen, das sage ich euch: Sie haben ihren Lohn bereits erhalten.

Du aber salbe dein Haar, wenn du fastest, und wasche dein Gesicht, dein Haar, damit die Leute nicht merken, dass du fastest, sondern nur dein Vater, der auch das Verborgene sieht; und dein Vater, der das Verborgene sieht, wird es dir vergelten.

▨ Aktivierung

– Die TN überlegen, wo ihr Verhältnis zu Gott, zu den Mitmenschen, zur Schöpfung oder zu sich selbst gestört ist und schreiben es auf einen »Buß-Kompass« (s. Anlage).
– TN erhalten kleine Sündensäckchen und legen ihren ausgefüllten »Buß-Kompass« hinein. Alternativ: Die Zettel in einen gemeinsamen »Sünden-sack« stecken.
– Sündensäcke / Sündensack werden entweder vernichtet / verbrannt, oder TN nehmen sie mit nach Hause.

▨ Liturgischer Text

Guter Gott,
lass mich in dieser Zeit deine Schöpfung mit neuen Augen sehen.
Lass mich in dieser Zeit meine Mitmenschen neu erfahren.
Lass mich in dieser Zeit zu dir kommen,
lass mich in dieser Zeit zu mir kommen. Amen.

▨ Lied

– EG 666, EH 288, KR 394: So ist Versöhnung

17. März – St. Patrick's Day

Impulstext

Heute ist St. Patrick's Day. Die Iren auf der ganzen Welt feiern ihren National-
heiligen, den Heiligen Patrick. Er hat im 5. Jh. den christlichen Glauben auf die
grüne Insel gebracht.

Heute geht es den Iren aber eher um einen guten Grund zu feiern: Paraden,
Volksfeste, und immer wieder die irische Farbe: grüne Bärte, grüne Hüte, grünes
Bier. Die Iren in den USA sind so begeistert, dass sie am St. Patrick's Day sogar
das Wasser des Chicago River grün einfärben.

Ein ebenfalls grünes Nationalsymbol der Iren ist das »Shamrock«, das dreiblätt-
rige Kleeblatt. Es soll auf den Hl. Patrick zurückgehen. Der hatte wohl damals
einen öffentlichen Streit mit einem Druiden, einem keltischen Priester. Dabei
ging es um die Dreifaltigkeit Gottes: Gott als Vater, Sohn und Heiliger Geist.

»Wenn ihr Christen nur an einen Gott glaubt, wie kann der dann in drei Gestalten auftreten?« So ähnlich muss wohl damals der Druide den Hl. Patrick gefragt
haben. Patrick schaut sich hilfesuchend um und sieht nur die erwartungsvollen
Gesichter der umstehenden Menschen und viel grünes Gras und grünen Klee.
Da hat er eine Idee: Er pflückt ein dreiblättriges Kleeblatt und sagt: Dieses Kleeblatt besteht auch aus drei einzelnen Blättern und ist doch *eine* Pflanze.

Gott, der Vater, hat sich den Menschen in Jesus gezeigt und wirkt bis heute
weiter im Heiligen Geist. Ein Gott in drei Erscheinungsformen also. Das hat der
Heilige Patrick mit seinem Kleeblatt anschaulich demonstriert. Und bis heute
wird er von den Iren als Nationalheiliger verehrt. Ob mit Paraden, Guinness,
oder manchmal auch mit einem kleinen Stoßgebet.

Biblischer Text: Joh 14, 15–20

Einleitung:
Nach dem letzten Abendmahl offenbart Jesus seinen Jüngern, dass er sterben
wird. Die Jünger sind erschüttert. Jesus spendet ihnen Trost und sagt:

Wenn ihr mich liebt, werdet ihr meine Gebote halten. Und ich werde den Vater bitten, und er wird euch einen anderen Beistand geben, der für immer bei euch bleiben soll. Es ist der Geist der Wahrheit, den die Welt nicht empfangen kann, weil sie ihn nicht sieht und nicht kennt. Ihr aber kennt ihn, weil er bei euch bleibt und in euch sein wird.

Ich werde euch nicht als Waisen zurücklassen, sondern ich komme wieder zu euch. Nur noch kurze Zeit, und die Welt sieht mich nicht mehr; ihr aber seht mich, weil ich lebe und weil auch ihr leben werdet. An jenem Tag werdet ihr erkennen: Ich bin in meinem Vater, ihr seid in mir und ich bin in euch.

■ Aktivierung

- Auf 3 Plakaten steht je in der Mitte ein Begriff: »Vater«, »Sohn« und »Heiliger Geist«.
- Die Plakate können entweder auf 3 Tischen ausgelegt werden, oder sie werden reihum gegeben.
- In einer Atmosphäre der Ruhe (evtl. Meditationsmusik) können die TN nun ihre Assoziationen zum jeweiligen Begriff auf die Plakate schreiben.
- Nach der Schreibphase werden die Plakate vorgelesen.

■ Liturgischer Text

Du Vater,
sei uns Halt,
sei uns Schutz,
sei uns Vater.
Du Sohn,
sei uns Beispiel,
sei uns Bruder,
sei einer von uns.
Du Geist,
sei uns Antrieb,
sei uns Lebenskraft,
wirke in uns.

Dazu segne uns der dreifaltige Gott,
der Vater, der Sohn und der Heilige Geist. Amen.

■ Lied

- EG 184, GL 276: Wir glauben Gott im höchsten Thron
- EH 235: Holy, holy holy

Gründonnerstag – Abschiedsparty

■ Impulstext

Mit Abschiedspartys ist das so eine Sache. Meistens will die richtige Stimmung einfach nicht aufkommen. Ich erinnere mich noch gut an so eine Abschiedsparty, als ich nach Irland zum Studieren ging. Während des Feierns spukte immer der Gedanke an den Abschied in den Köpfen herum. Und gegen Ende der Fete wurde es noch schlimmer: alle noch ein letztes Mal umarmen und dann der große Katzenjammer.

Heute ist Gründonnerstag. Und heute wird in den meisten Kirchen auch so eine »Abschiedsparty« gefeiert. In der kirchlichen Sprache heißt es »das letzte Abendmahl« und erinnert an das Abschiedsessen Jesu vor seiner Kreuzigung. So richtige Feierstimmung wollte wohl auch damals nicht aufkommen. Zuviel war in den Tagen zuvor in Jerusalem passiert. Und dann auch noch das: Jesus deutet an, dass einer seiner besten Freunde, nämlich Judas, ihn bald verraten wird. Na, wenn das kein richtiger »Partykiller« war.

Aber Jesus wollte ja damals auch nicht Party machen, sondern er wollte seinen Freunden etwas Wichtiges mit auf den Weg geben. Sie sollten in Zukunft dieses Abendmahl immer wieder feiern – und zwar im Gedenken an ihn. Und dazu hatten sie ja auch gute Gründe. Es war einfach einzigartig, wie Jesus auf Menschen zugehen konnte, was für ein Menschenkenner und Menschenfreund er war, wie er seine radikal gute Botschaft selbst gelebt hat und dass er einen so guten Draht zu seinem Vater, zu Gott hatte.

Jesus hat damals den Satz gesagt: »Tut dies zu meinem Gedächtnis!«. Und genau das tun wir auch, ganz speziell heute Abend, und überhaupt jedes Mal wenn wir Gottesdienst feiern.

■ Biblischer Text: Lk 22, 15–19

Einleitung:
Am jüdischen Paschafest sitzt Jesus mit seinen Jüngern am Tisch. Es ist das Letzte Abendmahl.

Und er sagte zu ihnen: Ich habe mich sehr danach gesehnt, vor meinem Leiden dieses Paschamahl mit euch zu essen. Denn ich sage euch: Ich werde es nicht mehr essen, bis das Mahl seine Erfüllung findet im Reich Gottes.

Und er nahm den Kelch, sprach das Dankgebet und sagte: Nehmt den Wein, und verteilt ihn untereinander! Denn ich sage euch: Von nun an werde ich nicht mehr von der Frucht des Weinstocks trinken, bis das Reich Gottes kommt. Und er nahm Brot, sprach das Dankgebet, brach das Brot und reichte es ihnen mit den Worten: Das ist mein Leib, der für euch hingegeben wird. Tut dies zu meinem Gedächtnis!

▪ Aktivierung

–   Zusammen mit den TN wird ein »Agape-Mahl« gefeiert. Ursprünglich ein Sättigungsmahl der urchristlichen Gemeinden für Bedürftige (Agape = Nächstenliebe).
–   Brot und Traubensaft werden gesegnet, geteilt und gemeinsam gegessen.
–   Zu Beginn können feierlich Kerzen entzündet werden. Auch Lieder vor und nach dem Essen sind möglich.

▪ Liturgischer Text

Guter Gott,
Brot teilen heißt satt werden.
Brot teilen heißt Leben teilen.
Brot teilen heißt Jesus gedenken.
Segne unsere Speisen,
segne unser Leben,
segne unser Zusammensein.
Im Namen des + Vaters und des Sohnes und des Heiligen Geistes. Amen.

▪ Lied

–   KR 278, TR 390, EH 213, RU 141: Let us break bread together

Karfreitag – Kreuz & Quer

■ Impulstext

Das Kreuz – Folterinstrument Nr. 1 im alten Rom. Und heute hängt es in Klassenzimmern und um Hälse, es steht am Wegesrand und schmückt als Tattoo so manche Hautpartie. In der Tat eine steile Karriere für ein Mordwerkzeug!

Aber heute sehen wir im Kreuz nicht mehr das Folter- oder Mordinstrument. Es ist vielmehr ein Symbol geworden, ein Zeichen. Ich finde, sogar ein sehr Passendes. Mit seinen beiden Balken zeigt das Kreuz die zwei Richtungen an, die das Verhältnis von Gott zu den Menschen bestimmen.

Der Längsbalken von oben nach unten: Er macht deutlich, dass wir zu Gott aufblicken können, weil er größer ist, als wir es uns je vorstellen können. Und er macht ebenso deutlich, dass Gott kein arroganter Schnösel ist, dass er sich in seiner Größe zu uns Menschen hinabbeugt, indem er selbst Mensch wird.

Und dann die zweite Richtung, der Querbalken: Er weist auf den Weg hin, den Gott mit uns Menschen geht. Gott ist Mensch geworden, um wie wir zu leben und auch zu leiden. Er begleitet uns durch dick und dünn.

Seit dem alten Rom hat das Kreuz also viel von seinem ursprünglichen Schrecken verloren. Es hat als Folterinstrument ausgedient. Aber es kann uns noch erinnern: an die vielen Menschen, die bis heute noch überall auf der Welt gefoltert und erniedrigt werden, so wie Jesus vor 2000 Jahren.

■ Biblischer Text: Mk 15, 20–23.24–26.29.33–35.37

Dann führten sie Jesus hinaus, um ihn zu kreuzigen. Einen Mann, der gerade vom Feld kam, Simon von Zyrene, (…) zwangen sie, sein Kreuz zu tragen.

Und sie brachten Jesus an einen Ort namens Golgota, das heißt übersetzt: Schädelhöhe. Dann kreuzigten sie ihn. Sie warfen das Los und verteilten seine Kleider unter sich und gaben jedem, was ihm zufiel. Es war die dritte Stunde, als sie ihn kreuzigten. Und eine Aufschrift (auf einer Tafel) gab seine Schuld an: Der König der Juden.

Die Leute, die vorbeikamen, verhöhnten ihn, schüttelten den Kopf und riefen: Ach, du willst den Tempel niederreißen und in drei Tagen wieder aufbauen? Als die sechste Stunde kam, brach über das ganze Land eine Finsternis herein. Sie dauerte bis zur neunten Stunde.

Und in der neunten Stunde rief Jesus mit lauter Stimme: Eloï, Eloï, lema sabachtani?, das heißt übersetzt: Mein Gott, mein Gott, warum hast du mich verlassen? Einige von denen, die dabeistanden und es hörten, sagten: Hört, er ruft nach Elija! Jesus aber schrie laut auf. Dann hauchte er den Geist aus.

■ Aktivierung

– TN flechten zusammen aus Schachtelhalmen oder Strohhalmen ein »Brigid-Kreuz« (Anleitung: s. http://aurorastrampelpfade.blogspot.com/2010/01/brighid-kreuz-basteln.html).
– Bei jedem Halm, der eingeflochten wird, kann eine freie Fürbitte gesprochen werden.

■ Liturgischer Text

Psalm 22 (in Auszügen) wird im Wechsel gebetet:

Mein Gott, mein Gott, warum hast du mich verlassen, *
bist fern meinem Schreien, den Worten meiner Klage?
    Mein Gott, ich rufe bei Tag, doch du gibst keine Antwort; *
    ich rufe bei Nacht und finde doch keine Ruhe.
Dir haben unsre Väter vertraut, *
sie haben vertraut, und du hast sie gerettet.
    Du bist es, der mich aus dem Schoß meiner Mutter zog, *
    mich barg an der Brust der Mutter.
Von Geburt an bin ich geworfen auf dich, *
vom Mutterleib an bist du mein Gott.
    Sei mir nicht fern, denn die Not ist nahe, *
    und niemand ist da, der hilft.
Meine Kehle ist trocken wie eine Scherbe, *
die Zunge klebt mir am Gaumen,
    Viele Hunde umlagern mich, eine Rotte von Bösen umkreist mich. *
    Sie durchbohren mir Hände und Füße.

Man kann all meine Knochen zählen; *
sie gaffen und weiden sich an mir.
    Sie verteilen unter sich meine Kleider *
    und werfen das Los um mein Gewand.
Du aber, Herr, halte dich nicht fern! *
Du, meine Stärke, eil mir zu Hilfe!
    Ich will deinen Namen meinen Brüdern verkünden, *
    inmitten der Gemeinde dich preisen.
Die ihr den Herrn fürchtet, preist ihn, *
erschauert alle vor ihm, ihr Nachkommen Israels!
    Den Herrn sollen preisen, die ihn suchen. *
    Aufleben soll euer Herz für immer.
Ehre sei dem Vater und dem Sohn *
und dem Heiligen Geist
    wie im Anfang so auch jetzt und alle Zeit *
    und in Ewigkeit. Amen.

■ Lied

– RU 215: Quer gelegt und krumm gemacht
– EH 126, TR 199: Wer befreit ist

12. April – Juri Gagarin und der liebe Gott

▓ Impulstext

Am 12. April 1961 umrundet Juri Gagarin als erster Mensch die Erde. Bei seiner Rückkehr aus dem All sagt er: »Ich war im Himmel und habe mich genau umgesehen. Es gab keine Spur von Gott.«

Heute vermuten höchstens noch Kinder den »lieben Gott« im Himmel. Aber die Skepsis von Gagarin wurde lange Zeit von den Naturwissenschaften geteilt. Denn Wissenschaftler konnten immer mehr Geheimnisse der Schöpfung entschlüsseln. Man brauchte Gott nicht mehr, um die Welt erklären zu können.

Seitdem haben sich Wissenschaftler jede Menge Tricks aus der Natur abgeschaut: Kleber, Fallschirm, Goretex, Klettverschlüsse – gibt's alles schon Jahrtausende lang: an den Beinen von Ameisen, an der Frucht vom Wiesenbocksbart oder auf der Lotusblüte. Bionik nennt sich das, wenn man Erfindungen aus der Natur technisch umsetzt. Die Bioniker sind immer wieder erstaunt, wie einfallsreich die Natur ist. Und wie schwierig es ist, diese Ideen nachzubauen.

Ich habe das Gefühl, dass heute Wissenschaften und Religion eher wieder zueinander finden. Max Planck, Quantenphysiker und Nobelpreisträger, hat einmal gesagt: »Für den gläubigen Menschen steht Gott am Anfang, für den Wissenschaftler steht er am Ende all seiner Überlegungen.«

Je genauer also Wissenschaftler forschen, desto mehr kommen sie ins Staunen. Sie staunen darüber, wie genial die Natur aufgebaut ist bis ins kleinste Detail. Viele sehen darin den Nachweis einer höheren Intelligenz. Vielleicht sind das ja die Spuren Gottes in der Welt, die Juri Gagarin damals vergeblich gesucht hat.

▓ Biblischer Text: Sir 42, 15–16.18.21–25

Einleitung:
Der Weisheitslehrer Jesus Sirach aus dem Alten Testament bewundert in seiner Beschreibung die Natur als Schöpfung Gottes:

Nun will ich der Werke Gottes gedenken; was ich gesehen habe, will ich erzählen: Durch Gottes Wort entstanden seine Werke; seine Lehre ist ein Ausfluss seiner Liebe. Über allem strahlt die leuchtende Sonne, die Herrlichkeit des Herrn erfüllt alle seine Werke.

Meerestiefe und Menschenherz durchforscht er, und er kennt alle ihre Geheimnisse. Der Höchste hat Kenntnis von allem, bis in die fernste Zeit sieht er das Kommende.

Seine machtvolle Weisheit hat er fest gegründet, er ist der Einzige von Ewigkeit her. Nichts ist hinzuzufügen, nichts wegzunehmen, er braucht keinen Lehrmeister.

Alle seine Werke sind vortrefflich, doch sehen wir nur einen Funken und ein Spiegelbild. Alles lebt und besteht für immer, für jeden Gebrauch ist alles bereit. Jedes Ding ist vom andern verschieden, keines von ihnen hat er vergeblich gemacht. Eines ergänzt durch seinen Wert das andere. Wer kann sich satt sehen an ihrer Pracht?

▇ Aktivierung

– In der Mitte liegen Versfragmente aus Psalm 104 (s. Anlage).
– In ruhiger Atmosphäre (evtl. Meditationsmusik) suchen sich TN einen Vers aus, der sie anspricht.
– Wenn alle TN einen Vers haben, darf jeder in die Stille bzw. in die Meditationsmusik hinein seinen Vers vorlesen. Es muss nicht nach einer bestimmten Reihenfolge gehen, es dürfen auch Pausen entstehen.
– Im Anschluss wird Psalm 104 im Wechsel gebetet (s. liturgischer Text).

▇ Liturgischer Text

Psalm 104 (in Auszügen) wird im Wechsel gebetet:

Lobe den Herrn, meine Seele! *
Herr, mein Gott, wie groß bist du!
      Du lässt die Quellen hervorsprudeln in den Tälern, *
      sie eilen zwischen den Bergen dahin.
Allen Tieren des Feldes spenden sie Trank, *
die Wildesel stillen ihren Durst daraus.
      An den Ufern wohnen die Vögel des Himmels, *

aus den Zweigen erklingt ihr Gesang.
Du tränkst die Berge aus deinen Kammern, *
aus deinen Wolken wird die Erde satt.

    Du lässt Gras wachsen für das Vieh, *
    auch Pflanzen für den Menschen, die er anbaut,
damit er Brot gewinnt von der Erde *
und Wein, der das Herz des Menschen erfreut;

    damit sein Gesicht von Öl erglänzt *
    und Brot das Menschenherz stärkt.
Die Bäume des Herrn trinken sich satt, *
die Zedern des Libanon, die er gepflanzt hat.

    In ihnen bauen die Vögel ihr Nest, *
    auf den Zypressen nistet der Storch.
Die hohen Berge gehören dem Steinbock, *
dem Klippdachs bieten die Felsen Zuflucht.

    Du hast den Mond gemacht als Maß für die Zeiten, *
    die Sonne weiß, wann sie untergeht.
Du sendest Finsternis, und es wird Nacht, *
dann regen sich alle Tiere des Waldes.

    Die jungen Löwen brüllen nach Beute, *
    sie verlangen von Gott ihre Nahrung.
Strahlt die Sonne dann auf, so schleichen sie heim *
und lagern sich in ihren Verstecken.

    Nun geht der Mensch hinaus an sein Tagwerk, *
    an seine Arbeit bis zum Abend.
Ehre sei dem Vater und dem Sohn *
und dem Heiligen Geist,

    wie im Anfang, so auch jetzt und alle Zeit *
    und in Ewigkeit. Amen.

▮ Lied

- EG 665, EH 281, RU 102: Wir haben Gottes Spuren festgestellt
- EH 266, RU 046: Höchster, allmächtiger und guter Herr

Ende April – »Woche für das Leben« mit Ohrenkuss

◼ Impulstext

»Ohrenkuss« – ein etwas eigenwilliger Name für ein Lifestyle-Magazin. Aber nicht nur der Name, sondern auch die Artikel im »Ohrenkuss« sind etwas Besonderes: sehr emotional, ungewöhnlich witzig und feinfühlig geschrieben. Die Autoren: alles Menschen mit Down-Syndrom.

Seit über 10 Jahren gibt es den »Ohrenkuss«, und er hat mittlerweile über 3000 Abonnenten. Das Heft erscheint zwei Mal im Jahr und die Themenpalette ist bunt: Mode, Musik, Reisen, Liebe. Die Autoren schreiben entweder selbst oder sie diktieren. Und die Texte werden nicht korrigiert. Das gehört zum Konzept vom »Ohrenkuss«. Manchmal kommen dann eben etwas krumme Sätze oder neue Wortschöpfungen heraus.

Zum Thema »Freundschaft« hat Lars folgendes in den »Ohrenkuss« diktiert: »Freundschaft ist wichtig: Gern haben, drücken, trösten, umarmen, Herzenssachen sprechen. Auch Küsschen geben, oder? Gefühligkeit wichtig, immer und immer will nicht verlieren Sehnsucht nach Freundschaft.«

Katja de Braganca hatte die Idee zum »Ohrenkuss«. Mit Hilfe der Volkswagen-Stiftung und der Uni Bonn hat sie die Zeitschrift auf den Weg gebracht. Sie war von Anfang an fasziniert vom Schreib-Talent der Autoren. Sie sagt: »Menschen mit Down-Syndrom machen Beobachtungen, für die Menschen ohne Behinderung meist blind sind.«

Die beiden großen Kirchen in Deutschland haben diese Woche zur »Woche für das Leben« ausgerufen. In Gottesdiensten, Ausstellungen und Vorträgen soll bewusst gemacht werden, dass Menschen mit Behinderung ein wichtiger Teil unserer Gesellschaft sind. Und dass sie uns bereichern können.

Ich finde, der »Ohrenkuss« ist eine echte Bereicherung für unsere Medienlandschaft. In kaum einer anderen Zeitschrift sehe ich so offene, herzerfrischende und pointierte Aussagen wie zum Beispiel von Hermine: »Mode. Da fällt den Leuten immer was neues ein. Das soll man mitmachen. Das ist großer Quatsch. Der Lagerfeld das ist doch Karneval. Aber so dünn wäre ich gerne.«

■ Biblischer Text: 1 Kor 12, 12–14.17–18.21–23.25–27

Einleitung:
Der Apostel Paulus erinnert seine zerstrittene Gemeinde in Korinth daran, dass jeder Mensch seinen Platz in der Gesellschaft haben muss. Er zieht einen Vergleich zum menschlichen Körper. Paulus schreibt:

Denn wie der Leib eine Einheit ist, doch viele Glieder hat, alle Glieder des Leibes aber (…) einen einzigen Leib bilden: so ist es auch mit Christus. Durch den einen Geist wurden wir in der Taufe alle in einen einzigen Leib aufgenommen (…); und alle wurden wir mit dem einen Geist getränkt.
Auch der Leib besteht nicht nur aus einem Glied, sondern aus vielen Gliedern. Wenn der ganze Leib nur Auge wäre, wo bliebe dann das Gehör? Wenn er nur Gehör wäre, wo bliebe dann der Geruchssinn?
Nun aber hat Gott jedes einzelne Glied so in den Leib eingefügt, wie es seiner Absicht entsprach. Das Auge kann nicht zur Hand sagen: Ich bin nicht auf dich angewiesen. Der Kopf kann nicht zu den Füßen sagen: Ich brauche euch nicht. Im Gegenteil, gerade die schwächer scheinenden Glieder des Leibes sind unentbehrlich. Denen, die wir für weniger edel ansehen, erweisen wir um so mehr Ehre, und unseren weniger anständigen Gliedern begegnen wir mit mehr Anstand, damit im Leib kein Zwiespalt entstehe, sondern alle Glieder einträchtig füreinander sorgen. Wenn darum ein Glied leidet, leiden alle Glieder mit; wenn ein Glied geehrt wird, freuen sich alle anderen mit ihm. Ihr aber seid der Leib Christi, und jeder einzelne ist ein Glied an ihm.

■ Aktivierung

- TN beschriften auf einem Blatt (s. Anlage) Körperteile mit Dingen, die sie gut können, z. B. Kuchen backen, Flöte spielen, nachdenken, zuhören, Fahrrad reparieren, rennen, … (dazu evtl. Meditationsmusik).
- Variante: Wenn sich die TN gut kennen, dann beschriften sie für den jeweils anderen, was dieser gut kann.
- Die beschrifteten Körperteile werden ausgeschnitten und zu einem großen Leib zusammen gelegt.
- Als Symbol, dass der Leib zusammen gehört, kann noch ein Seil um ihn herum gelegt werden.

■ Liturgischer Text

Guter Gott,
du bewahrst mich,
du machst mich stark,
du wohnst in mir.
So segne was mich aufbaut und was mir einen Spiegel vorhält.
Segne meine Stärken und meine Schwächen.
Segne deine Wohnung – segne meinen Leib,
im Namen des Vaters und des Sohnes und des Heiligen Geistes. Amen.

■ Lied

– RU 043: Aus vielen Körnern
– GL 640: Gott ruft sein Volk zusammen

III. Sommer

... über Siebenschläfer, Strandbäder und Babybodys

Anfang Juni – Herz Jesu

■ Impulstext

Flohmarkt am Samstagnachmittag. Mir sticht ein kitschiges Jesusportrait ins Auge. Blauer Hintergrund, roter Umhang, gelber Heiligenschein. Jesus zeigt mit verklärtem Blick auf seine Brust, den Mittelpunkt des Bildes: Ein rotes durchbohrtes Herz, aus dem Flammen züngeln. »Purer Kitsch!«, denke ich.

Dabei ist dieses Herz-Jesu Motiv schon sehr alt. Es stammt aus dem Mittelalter und nach dem damaligen Menschenbild war das Herz der Sitz der Liebe. Heute hat sich für die Menschen dieses Bild geändert. 1967 führte Prof. Barnard in Kapstadt die erste Herztransplantation durch und spätestens seitdem wissen wir: Das Herz ist ein Organ wie jedes andere. Es hat zwar eine lebenswichtige Funktion, aber das Herz als »Liebes-Organ« – das muss ein Mythos aus vergangener Zeit sein.

Dafür hält sich das Symbol Herz aber doch erstaunlich lange. Denn auch heute noch wird es als Liebeserklärung auf Toiletten gemalt oder mit dem Messer in Parkbänke geritzt. Und auch in der Sprache ist das Herz als »Liebes-Organ« noch lebendig, in Redewendungen wie »mein Herz hängt daran« oder »das Herzblut vergießen«.

Den Künstlern im Mittelalter ging es auch nicht um eine anatomische Information. Ihre Bilder von Jesus mit dem Herz offen auf der Brust hatten eine Botschaft. Sie hieß: Das Herz dieses Menschen – das Herz Jesu – schlägt für dich und für mich. Diese Botschaft gilt auch jetzt noch. Und heute, am kirchlichen Herz-Jesu Fest, sollen wir genau daran erinnert werden: Wir Menschen liegen Jesus am Herzen.

■ Biblischer Text: Joh 19, 31–37

Einleitung:
Jesus ist soeben gekreuzigt worden, einen Tag vor dem Sabbat. Die Juden bitten darum, dass die Gekreuzigten den Sabbat über nicht am Kreuz bleiben sollen:

Weil Rüsttag war und die Körper während des Sabbats nicht am Kreuz bleiben sollten, baten die Juden Pilatus, man möge den Gekreuzigten die Beine zerschlagen und ihre Leichen dann abnehmen; denn dieser Sabbat war ein großer Feiertag.

Also kamen die Soldaten und zerschlugen dem ersten die Beine, dann dem andern, der mit ihm gekreuzigt worden war. Als sie aber zu Jesus kamen und sahen, dass er schon tot war, zerschlugen sie ihm die Beine nicht, sondern einer der Soldaten stieß mit der Lanze in seine Seite, und sogleich floss Blut und Wasser heraus.

Und der, der es gesehen hat, hat es bezeugt, und sein Zeugnis ist wahr. Und er weiß, dass er Wahres berichtet, damit auch ihr glaubt. Denn das ist geschehen, damit sich das Schriftwort erfüllte: Man soll an ihm kein Gebein zerbrechen. Und ein anderes Schriftwort sagt: Sie werden auf den blicken, den sie durchbohrt haben.

◼ Aktivierung

– Zu Beginn des Impulses wurde aus Gummibärchen- oder Schokoladenherzen das Wort »Jesus« gelegt.
– Jeder TN füllt in ruhiger Atmosphäre (evtl. Meditationsmusik) eine Postkarte aus: »Jesus liegt mir am Herzen, weil …«.
– Anschließend liest jeder TN seine Postkarte vor, legt sie in die Mitte und nimmt sich dafür ein Gummibärchen- oder Schokoladenherz.
– Nach jeder Postkarte antworten die anderen TN mit dem Liedruf Ubi Caritas.

◼ Liturgischer Text

Psalm 22 (in Auszügen) wird im Wechsel gebetet:

Mein Gott, mein Gott, warum hast du mich verlassen, *
bist fern meinem Schreien, den Worten meiner Klage?
    Aber du bist heilig, *
    du thronst über dem Lobpreis Israels.

Dir haben unsre Väter vertraut, *
sie haben vertraut, und du hast sie gerettet.
 Du bist es, der mich aus dem Schoß meiner Mutter zog, *
 mich barg an der Brust der Mutter.
Von Geburt an bin ich geworfen auf dich, *
vom Mutterleib an bist du mein Gott.
 Sei mir nicht fern, denn die Not ist nahe, *
 und niemand ist da, der hilft.
Viele Stiere umgeben mich, *
Büffel von Baschan umringen mich.
 Sie sperren gegen mich ihren Rachen auf, *
 reißende, brüllende Löwen.
Ich bin hingeschüttet wie Wasser, gelöst haben sich all meine Glieder. *
Mein Herz ist in meinem Leib wie Wachs zerflossen.
 Meine Kehle ist trocken wie eine Scherbe, die Zunge klebt mir am Gaumen, *
 du legst mich in den Staub des Todes.
Viele Hunde umlagern mich, eine Rotte von Bösen umkreist mich. *
Sie durchbohren mir Hände und Füße.
 Man kann all meine Knochen zählen; *
 sie gaffen und weiden sich an mir.
Sie verteilen unter sich meine Kleider *
und werfen das Los um mein Gewand.
 Du aber, Herr, halte dich nicht fern! *
 Du, meine Stärke, eil mir zu Hilfe!
Entreiße mein Leben dem Schwert, *
mein einziges Gut aus der Gewalt der Hunde!
 Rette mich vor dem Rachen des Löwen, *
 vor den Hörnern der Büffel rette mich Armen!
Ich will deinen Namen meinen Brüdern verkünden, *
inmitten der Gemeinde dich preisen.
 Denn er hat nicht verachtet, nicht verabscheut das Elend des Armen. *
 Er verbirgt sein Gesicht nicht vor ihm; er hat auf sein Schreien gehört.
Die Armen sollen essen und sich sättigen; den Herrn sollen preisen, die ihn
suchen. *
Aufleben soll euer Herz für immer.
 Ehre sei dem Vater und dem Sohn *
 und dem Heiligen Geist

wie im Anfang so auch jetzt und alle Zeit *
und in Ewigkeit. Amen.

▊ Lied

- EH 234, RU 045, UW 47: Wenn wir das Leben teilen
- EH 153, TR 373, UW 128: Unser Leben sei ein Fest
- RU 209: Jésus le Christ

24. Juni – Johannistag

◼ Impulstext

Es sind noch – auf den Tag genau – sechs Monate bis Heilig Abend. Vielleicht etwas früh dieser Hinweis. Aber dieses Datum erwähnt bereits die Bibel. Heute ist nämlich der Geburtstag von Johannes dem Täufer. Genau sechs Monate vor dem Geburtstag Jesu.

Johannes und Jesus sind nicht nur fast gleich alt sondern auch über ein paar Ecken verwandt. Schon vor ihrer Geburt verbindet die beiden eine Art telepathische Freundschaft. Als ihre beiden schwangeren Mütter sich einmal treffen, hüpft Johannes im Bauch der Mutter auf und ab. Das gute Verhältnis zwischen Johannes und Jesus wird sich durch ihr ganzes Leben ziehen. Obwohl die beiden eigentlich Konkurrenten sein könnten.

Johannes ist ein Prediger. Er lebt in der Wüste, trägt einen rauen Kamelhaarmantel und ernährt sich von wildem Honig. Viele Menschen hören ihm zu und bewundern ihn. Sie lassen sich von ihm im Jordan taufen. Sozusagen unter fließendem Wasser als Zeichen der Reinigung.

Auch Jesus lässt sich von ihm taufen. Bei dieser Taufe spürt Johannes, dass Jesus etwas ganz Besonderes ist. Und er sagt laut zu den Umstehenden: »Ich taufe mit Wasser, er aber wird mit dem Heiligen Geist taufen.«

Eines Tages kommen die Anhänger des Johannes aufgeregt zu ihm und berichten, was sie gesehen haben: »Stell dir vor, dieser Jesus, den du vor kurzem getauft hast, er tauft jetzt selbst. Die Menschen rennen ihm die Bude ein. Drüben am anderen Jordanufer.« Johannes bleibt ganz gelassen und sagt: »Ich habe schon immer gesagt, dass ich dem wahren Messias nur den Weg bereite.«

Um den Johannistag herum werden die Tage wieder kürzer. Symbol dafür, dass Johannes so bescheiden war und nur als Wegbereiter Jesu gilt. Vielleicht also doch ein Grund, heute schon an Weihnachten zu denken, den Geburtstag Jesu, wenn die Tage wieder länger werden.

◼ Biblischer Text: Mk 1, 4–11

So trat Johannes der Täufer in der Wüste auf und verkündigte Umkehr und Taufe zur Vergebung der Sünden. Ganz Judäa und alle Einwohner Jerusalems zogen zu ihm hinaus; sie bekannten ihre Sünden und ließen sich im Jordan von ihm taufen.

Johannes trug ein Gewand aus Kamelhaaren und einen ledernen Gürtel um seine Hüften, und er lebte von Heuschrecken und wildem Honig. Er verkündete: Nach mir kommt einer, der ist stärker als ich; ich bin es nicht wert, mich zu bücken, um ihm die Schuhe aufzuschnüren. Ich habe euch nur mit Wasser getauft, er aber wird euch mit dem Heiligen Geist taufen.

In jenen Tagen kam Jesus aus Nazaret in Galiläa und ließ sich von Johannes im Jordan taufen. Und als er aus dem Wasser stieg, sah er, dass der Himmel sich öffnete und der Geist wie eine Taube auf ihn herabkam. Und eine Stimme aus dem Himmel sprach: Du bist mein geliebter Sohn, an dir habe ich Gefallen gefunden.

◼ Aktivierung

– TN beschriften die Mitten von Papier-Seerosen (Vorlage s. Anlage). Sie schreiben hinein, was sie lebendig macht.
– Sie falten die Seerosen-Blätter nach innen und legen sie in eine Wasserschale.
– Die Seerosen entfalten sich durch den Kontakt mit dem Wasser. Die TN können jetzt lesen, was sie alles lebendig macht.
– TN tauchen ihre Hand in die Wasserschale und machen das Kreuzzeichen.

◼ Liturgischer Text

Psalm 36 (in Auszügen) wird im Wechsel gebetet:

Herr, deine Güte reicht, so weit der Himmel ist, *
deine Treue, so weit die Wolken ziehn.
    Deine Gerechtigkeit steht wie die Berge Gottes, *
    deine Urteile sind tief wie das Meer. Herr, du hilfst Menschen und Tieren.

Gott, wie köstlich ist deine Huld! *
Die Menschen bergen sich im Schatten deiner Flügel,
     sie laben sich am Reichtum deines Hauses; *
     du tränkst sie mit dem Strom deiner Wonnen.
Denn bei dir ist die Quelle des Lebens, *
in deinem Licht schauen wir das Licht.
     Erhalte denen, die dich kennen, deine Huld und deine Gerechtigkeit *
     den Menschen mit redlichem Herzen!
Lass mich nicht kommen unter den Fuß der Stolzen; *
die Hand der Frevler soll mich nicht vertreiben.
     Dann brechen die Bösen zusammen, *
     sie werden niedergestoßen und können nie wieder aufstehn.
Ehre sei dem Vater und dem Sohn *
und dem Heiligen Geist
     wie im Anfang so auch jetzt und alle Zeit *
     und in Ewigkeit. Amen.

■ Lied

– EH 117: Wasser vom Himmel
– EH 160, TR 509, RU 055: Wo ein Mensch Vertrauen gibt

27. Juni – Siebenschläfertag

▮ Impulstext

In meinem Terminkalender steht heute ganz klein: »Siebenschläfertag«. Und auch in der ein oder anderen Bauernregel ist von diesem Tag die Rede: »Regnet's am Siebenschläfertag, es sieben Wochen regnen mag.« Ich hab mich schon lange gefragt, was der 27. Juni mit dem Siebenschläfer, zu tun hat.

Die Antwort heißt: »Gar nichts!«, denn es ist nicht das kleine Nagetier gemeint, sondern die Legende von den sieben Schläfern, also auseinander geschrieben.

Und diese Legende ist wirklich spannend: Sie spielt im Jahr 251 in Ephesus, an der heutigen Westküste der Türkei. Sieben Brüder, allesamt Schafhirten, werden auf Befehl des Kaisers Decius verfolgt, weil sie Christen sind. Schließlich werden sie von den römischen Soldaten geschnappt und kurzerhand in einer Höhle eingemauert. Das Schicksal der sieben Brüder scheint besiegelt.

Fast 200 Jahre später, längst ist das Christentum Staatsreligion, will ein Hirte die zugemauerte Höhle als Schafstall benutzen. Er reißt die Mauer ein. Doch was er dann sieht verpasst ihm den Schock seines Lebens und er flieht. In der Höhle erwachen nämlich die sieben Brüder. Sie sind putzmunter, nur etwas hungrig.

Einer von ihnen läuft los, um Brot zu holen. Er gibt dem Bäcker eine Münze mit dem Bild von Kaiser Decius. Da dämmert es dem Bäcker, und er verständigt sofort den Bischof von Ephesus. Eine Abordnung geht zur Höhle. Und tatsächlich: Dort sitzen die sieben Schläfer und beißen gerade hungrig in ein frisches Fladenbrot.

Eine Legende, wie gesagt. Und wie alle Legenden, so will auch diese eine Botschaft rüberbringen. Die Botschaft nämlich, die für uns Christen wesentlich ist: Mit dem Tod ist nicht alles aus, sondern wir haben die Hoffnung, dass es weitergeht, dass wir auferstehen. Wie Jesus. Und eben wie die sieben Brüder aus Ephesus, die sieben Schläfer.

■ Biblischer Text: Offb 21, 3–5

Einleitung:
Das letzte Buch des Neuen Testamentes, die Offenbarung des Johannes, beschreibt in vielen Bildern, wie das Ende aller Tage aussehen wird. Ziel des Textes war es ursprünglich, die vom Römischen Reich bedrohte Kirche in ihrem Glauben zu stärken. In der Vision des Verfassers wird auch der Sieg über den Tod beschrieben:

Seht, die Wohnung Gottes unter den Menschen! Er wird in ihrer Mitte wohnen, und sie werden sein Volk sein; und er, Gott, wird bei ihnen sein. Er wird alle Tränen von ihren Augen abwischen: Der Tod wird nicht mehr sein, keine Trauer, keine Klage, keine Mühsal. Denn was früher war, ist vergangen. Er, der auf dem Thron saß, sprach: Seht, ich mache alles neu. Und er sagte: Schreib es auf, denn diese Worte sind zuverlässig und wahr.

■ Aktivierung

- Auf einem großen Bogen Papier ist das Wort »Auferstehung« in großen Buchstaben von oben nach unten notiert jeweils in vier Richtungen (s. Anlage).
- Die TN laufen um das Papier und notieren ihre Zweifel oder ihre Gewissheit, die sie mit diesem Wort verbinden. Diese sollten jeweils mit einem Buchstaben des Wortes »Auferstehung« beginnen und auch hinter den entsprechenden Buchstaben notiert werden.
- So entstehen vier Wortketten um das Wort »Auferstehung«. Die TN schreiben und lesen schweigend (evtl. mit Meditationsmusik).

■ Liturgischer Text

Guter Gott,
nichts ist so sicher wie der Tod, heißt es.
In der Schrift steht, nichts sei so sicher wie die Auferstehung.
Wenn ich an Auferstehung denke, dann habe ich / bin ich
…

(hier können Worte der Wortkette eingefügt werden)
Ich nehme meine Zweifel ernst
und ich spüre aufkeimende Gewissheit.
Beides halte ich dir im Gebet entgegen.
Höre meine Zweifel und stärke meine Zuversicht
auf die Auferstehung und das Ewige Leben bei dir. Amen.

■ Lied

- EH 300: Einmal werden wir erwachen
- EH 185, KR 377: Wait for the Lord

Juli / August – Urlaubs-Zeit

◼ Impulstext

Die meisten Dinge auf unserer Welt sind ungerecht verteilt. Aber eins haben alle Menschen gleich viel: Zeit. Alle Menschen dieser Welt haben am Tag 24 Stunden, das sind 86.400 Sekunden Zeit. Jeder genau gleich viel.

Seltsam, trotzdem habe ich den Eindruck, dass einige Menschen mehr Zeit haben, andere dafür viel zu wenig. Manche vertreiben sich die Zeit, oder schlagen sie gar tot, andere sind in Zeitnot oder stehen unter Zeitdruck.

»Ich habe keine Zeit«, das ist ein Satz den ich immer häufiger höre und auch selbst oft sagen muss. Manchmal tue ich das auch mit einem gewissen Stolz. Denn wenn ich keine Zeit habe, bin ich wichtig. Meine Stunden sind damit kostbarer als die Stunden anderer. Aber sind sie das wirklich? Wie viele von uns träumen davon, mal wieder das machen zu können, wozu schon lange keine Zeit mehr war. Menschen mit viel Zeit sind häufig die glücklicheren. Da ist auch die Rede vom »Zeitwohlstand«.

Jetzt ist Urlaubszeit. Wir brauchen immer wieder diese Zeiten, wo wir alles aus der Hand legen können: den Beruf, die Schulbücher, den Haushalt, Termine und Verpflichtungen. Zeiten, wo wir in Ruhe unsere Situation mal wieder aus der Ferne betrachten können. Vielleicht aus einem schönen Urlaubsparadies, oder einfach von Balkonien aus.

◼ Biblischer Text: Mt 6, 25–27

Einleitung:
Jesus predigt in seiner wichtigsten Ansprache, der Bergpredigt, von der falschen und der rechten Sorge. Er sagt:

Deswegen sage ich euch: Sorgt euch nicht um euer Leben und darum, dass ihr etwas zu essen habt, noch um euren Leib und darum, dass ihr etwas anzuziehen habt. Ist nicht das Leben wichtiger als die Nahrung und der Leib wichtiger als die Kleidung?

Seht euch die Vögel des Himmels an: Sie säen nicht, sie ernten nicht und sammeln keine Vorräte in Scheunen; euer himmlischer Vater ernährt sie. Seid ihr nicht viel mehr wert als sie? Wer von euch kann mit all seiner Sorge sein Leben auch nur um eine kleine Zeitspanne verlängern?

▪ Aktivierung

- TN schreiben ihre Sorgen auf kleine Zettel, die mit einem Gummi zusammengerollt werden.
- Diese »Sorgenröllchen« werden zur Osterkerze in die Mitte gelegt.
- Mit dem Liedruf »Kyrie Eleison« von Taizé zünden TN eine eigene Kerze an und stellen sie vor sich auf.

▪ Liturgischer Text

Psalm 55 (in Auszügen) wird im Wechsel gebetet:

Vernimm, o Gott, mein Beten; *
verbirg dich nicht vor meinem Flehen!
    Achte auf mich, und erhöre mich! *
    Unstet schweife ich umher und klage.
Furcht und Zittern erfassten mich; *
ich schauderte vor Entsetzen.
    Da dachte ich: »Hätte ich doch Flügel wie eine Taube, *
    dann flöge ich davon und käme zur Ruhe.«
Weit fort möchte ich fliehen, *
die Nacht verbringen in der Wüste.
    An einen sicheren Ort möchte ich eilen vor dem Wetter, *
    vor dem tobenden Sturm.
Ich aber, zu Gott will ich rufen, *
der Herr wird mir helfen.
    Am Abend, am Morgen, am Mittag seufze ich und stöhne; *
    er hört mein Klagen.
Er befreit mich, bringt mein Leben in Sicherheit *
Gott hört mich, er, der als König thront seit Ewigkeit.

Gewalttätige und Betrüger erreichen nicht die Mitte ihres Lebens. *

Ich aber setze mein Vertrauen auf dich.

Wirf deine Sorge auf den Herrn, er hält dich aufrecht! *

Er lässt den Gerechten niemals wanken.

Ehre sei dem Vater und dem Sohn *

und dem Heiligen Geist

wie im Anfang so auch jetzt und alle Zeit *

und in Ewigkeit. Amen.

■ Lied

–   EH 250, KR 128, TR 137, UW 132: Gehet nicht auf in den Sorgen dieser Welt

Juli / August – Im Urlaub die Freiheit spüren

■ Impulstext

Sommerurlaub in meiner Heimat am Bodensee. Es ist unerträglich heiß und ich beschließe, endlich mal wieder einen ruhigen Nachmittag im Strandbad zu verbringen. Strandmatte, Handtuch und Buch eingepackt, Badehose an und los. Die Strandbad-Reflexe von früher funktionieren ja noch ganz gut.
Leider ist auch der Lärmpegel im Bad noch ganz der alte. Bälle fliegen durch die Luft, der Kinderspielplatz ist proppenvoll. Ebenso die Plätze in der Strandbar. Schnell wird mir klar: Das mit der Ruhe wird wohl schwierig werden.
Also beschließe ich, ins Wasser zu gehen. Eine Horde Jugendlicher spielt Wasserfangen. Ich muss aufpassen, dass ich nicht schneller nass bin als mir lieb ist. Das Wasser ist nämlich ganz schön kalt. Aber endlich ist es geschafft. Mit hektischen Schwimmbewegungen versuche ich, der Kälte etwas entgegenzusetzen. Zug um Zug entferne ich mich vom Badelärm. Es wird langsam ruhiger um mich herum. Auch das Wasser ist jetzt richtig angenehm.
Und auf einmal fühle ich mich gut, fast euphorisch. Das Gefühl, den Lärm hinter mir gelassen zu haben, durchs kühle Wasser zu gleiten, Teil eines großen Ganzen zu sein, getragen vom vielen Wasser um mich herum. Ein Gefühl der Freiheit!
Freiheit, das ist auch ein zentraler Begriff des Christentums. Und schon oft habe ich mich gefragt, was an meiner Religion denn so richtig frei macht. Für mich ist es die Botschaft Jesu vom ewigen Leben. Die Vorstellung, dass es nach dem Tod weiter geht, dass meine vielen Beziehungen nicht mit einem Schlag abgeschnitten sind, das hat für mich etwas sehr Befreiendes.
Und ich finde es toll, wenn ich diese Freiheit auch mal an meinem eigenen Leib spüren kann. Hier im Wasser, wo ich mich getragen fühle von der Weite des Bodensees und von meinem Glauben an das ewige Leben.

■ Biblischer Text: Ps 18, 2–4.17–20.29–30.32–37.47.50

Einleitung:
Die Psalmen sind uralte Gebete. Sie drücken Lebensgefühle aus, die auch heute noch zu den menschlichen Grunderfahrungen gehören.

Ich will dich rühmen, Herr, meine Stärke,

Herr, du mein Fels, meine Burg, mein Retter, mein Gott,

meine Feste, in der ich mich berge, mein Schild und sicheres Heil, meine Zuflucht.

Ich rufe: Der Herr sei gepriesen!, und ich werde vor meinen Feinden gerettet.

Er griff aus der Höhe herab und fasste mich, zog mich heraus aus gewaltigen Wassern.

Er entriss mich meinen mächtigen Feinden, die stärker waren als ich und mich hassten.

Sie überfielen mich am Tag meines Unheils, doch der Herr wurde mein Halt.

Er führte mich hinaus ins Weite, er befreite mich, denn er hatte an mir Gefallen.

Du, Herr, lässt meine Leuchte erstrahlen, mein Gott macht meine Finsternis hell.

Mit dir erstürme ich Wälle, mit meinem Gott überspringe ich Mauern.

Denn wer ist Gott als allein der Herr, wer ist ein Fels, wenn nicht unser Gott?

Gott hat mich mit Kraft umgürtet, er führte mich auf einen Weg ohne Hindernis.

Er ließ mich springen schnell wie Hirsche, auf hohem Weg ließ er mich gehen.

Er lehrte meine Hände zu kämpfen, meine Arme, den ehernen Bogen zu spannen.

Du gabst mir deine Hilfe zum Schild, deine Rechte stützt mich;

du neigst dich mir zu und machst mich groß.

Du schaffst meinen Schritten weiten Raum, meine Knöchel wanken nicht.

Es lebt der Herr! Mein Fels sei gepriesen. Der Gott meines Heils sei hoch erhoben;

Darum will ich dir danken, Herr, vor den Völkern,

ich will deinem Namen singen und spielen.

▪ Aktivierung

– TN machen eine Fantasiereise (s. Anlage) an einen Ort in ihrer Vergangenheit, wo sie sich getragen gefühlt haben.

▪ Liturgischer Text

Guter Gott,
manchmal, da weiß ich mich getragen –
im Meer, in der Luft, auf einem Pferd, in den Bergen.

Manchmal, da kann ich Freiheit spüren –
auf dem Fahrrad, bei einem Sommerspaziergang, in einer Sternennacht.
Das sind die Momente, die ich mit dir genießen kann.
Da führst du mich hinaus ins Weite.
Da verschaffst du meinen Schritten großen Raum.
Mach mich wachsam für diese Momente. Amen.

■ Lied

- EG 617, GL 270, 1+6: Kommt herbei, singt dem Herrn
- EH 159, KR 382, TR 106, RU 035: Weißt du wo der Himmel ist

Juli / August – Im Urlaub auf Dolmen-Suche

■ **Impulstext**

Urlaub in den Pyrenäen. Meine Freundin wälzt eine Karte mit Touristenattraktionen. Ihr Finger bleibt an einem Symbol hängen, das aussieht wie gestapelte Hinkelsteine bei Asterix und Obelix. »Dolmen« heißt das eigentlich. Und hier in den Pyrenäen gibt es einige davon. Allerdings meistens ziemlich versteckt. »Da will ich hin!«, sagt sie und legt damit das Nachmittagsprogramm fest.
Die Anfahrt sieht auf der Karte lang und mühsam aus. Außerdem ist das Dolmen-Symbol nur sehr ungenau auf der Touristenkarte platziert. Irgendwo in der Nähe der beiden Bergdörfer Franès oder Brangoly.
Und tatsächlich kurven wir übel in der Pampa rum. Mehr Weg als Straße und Kurven über Kurven. Schließlich landen wir in Franès. Drei Häuser, eine Straße – aber weit und breit kein Dolmen.
Immerhin gibt es ein Pappschild auf dem noch das zweite Dorf angeschrieben steht: Brangoly. Aber dann mitten auf der Straße eine Vollsperrung. »Dorffest, keine Durchfahrt« steht da. Und keine Wendemöglichkeit, na prima. Die Dolmensuche scheint nicht gerade unter einem günstigen Stern zu stehen. Dann halt im Rückwärtsgang zurück nach Franès. Aber innen an der Kofferraumscheibe surrt ein riesiges Insekt. Meine Freundin hat ein Herz für Tiere und will es erst freilassen. Sie – raus aus dem Auto und nach hinten.
Kurze Pause, dann ein ungläubiger Aufschrei: »Du, hier steht ein Schild: Dolmen – 50 Meter«. Tatsächlich. An einem Telegraphenmasten gegen die Fahrtrichtung hängt ein abgeblättertes rundes Holzschild. Aus dem fahrenden Auto heraus unmöglich zu sehen. Nur dank Vollsperrung, Rückwärtsgang, Insekt und Tierliebe haben wir unser Ziel erreicht.
Wir haben noch lange über dieses Erlebnis nachgedacht. Und irgendwie wollten wir beide nicht so recht an Zufall oder Glück glauben. Es kam uns fast so vor, als ob uns eine unsichtbare Hand geführt hätte.
Und vielleicht werde ich ja tatsächlich manchmal im Leben geführt. Gerade dann wenn's nach Vollsperrung aussieht.

▪ Biblischer Text: Weish 10,15.17–19.11,1–4

Einleitung:

Das Buch der Weisheit zeigt an verschiedenen Beispielen, wie Gott sein Volk Israel geführt und damit gerettet hat. Der folgende Abschnitt bezieht sich auf die Befreiung Israels aus Ägypten:

(Die Weisheit) hat ein heiliges Volk (…) aus der Gewalt einer Nation gerettet, die es unterdrückte. Sie gab den Heiligen den Lohn ihrer Mühen und geleitete sie auf wunderbarem Weg. Sie wurde ihnen am Tag zum Schutz und in der Nacht zum Sternenlicht. Sie führte sie durch das Rote Meer und geleitete sie durch gewaltige Wasser.

Ihre Feinde aber ließ sie in der Flut ertrinken und spülte sie aus der Tiefe des Abgrunds ans Land. Sie ließ alles gelingen, was sie unter der Führung des heiligen Propheten unternahmen.

Sie zogen durch eine unbewohnte Wüste und schlugen in unwegsamen Gegenden ihre Zelte auf. Sie leisteten ihren Feinden Widerstand und wehrten ihre Gegner ab. Als sie dürsteten und dich anriefen, wurde ihnen Wasser aus schroffem Fels gegeben, so dass sie ihren Durst stillen konnten aus hartem Gestein.

▪ Aktivierung

- TN legen mit Legematerialien ihren Lebensweg (evtl. auch zeichnen).
- Ein anderer TN kommt hinzu und platziert 3 Kerzen irgendwo auf der Wegstrecke.
- Jetzt geht wieder jeder TN zu seinem Lebensweg und schaut sich an, wo die Kerzen stehen. Er darf sie jetzt verschieben oder auch stehen lassen.

▪ Liturgischer Text

Psalm 23 (in Auszügen) wird im Wechsel gebetet:

Der Herr ist mein Hirte, *
nichts wird mir fehlen.
    Er lässt mich lagern auf grünen Auen *

und führt mich zum Ruheplatz am Wasser.
Er stillt mein Verlangen; *
er leitet mich auf rechten Pfaden, treu seinem Namen.

Muss ich auch wandern in finsterer Schlucht, *

ich fürchte kein Unheil;
denn du bist bei mir, *
dein Stock und dein Stab geben mir Zuversicht.

Du deckst mir den Tisch *

vor den Augen meiner Feinde.
Du salbst mein Haupt mit Öl, *
du füllst mir reichlich den Becher.

Lauter Güte und Huld werden mir folgen mein Leben lang, *

und im Haus des Herrn darf ich wohnen für lange Zeit.
Ehre sei dem Vater und dem Sohn *
und dem Heiligen Geist

wie im Anfang so auch jetzt und alle Zeit *

und in Ewigkeit. Amen.

▨ Lied

- EH 90, KR 255, RU 113, TR 170, UW 89: Kennst du das alte Lied
- EG 209, KR 214, RU 115, TR 292: Ich möcht, dass einer mit mir geht

6. August – Verklärung des Herrn

■ Impulstext

Heute ist das Fest »Verklärung des Herrn«. Eine sonderbare Geschichte, die dazu in der Bibel steht.

Sie beginnt am Fuße eines Berges. Jesus schnappt sich Petrus und zwei weitere Jünger und geht mit ihnen hinauf. Für die Jünger so etwas wie ein Vertrauensbeweis. Aber sie wissen nicht so recht, was er vorhat. Oben angekommen passiert es dann: Jesus leuchtet auf einmal hell wie die Sonne, seine Kleider werden blendend weiß. Das ist aber noch nicht alles. Auf einmal erscheinen noch zwei große Gestalten der jüdischen Religion, die eigentlich längst tot sein müssten: Mose und Elija.

Die drei Jünger trauen ihren Augen kaum. Ihr Meister Jesus als Lichtgestalt, dazu in so prominenter Gesellschaft. Petrus will den Moment unbedingt festhalten. Er macht Jesus einen Vorschlag: »Herr, ich werde hier drei Hütten bauen. Eine für dich, eine für Mose und eine für Elija.« Doch Petrus kommt nicht dazu. Eine Stimme aus dem Himmel ruft: »Das ist mein geliebter Sohn!« Dann ist alles vorbei.

Die Geschichte soll den Jüngern und auch uns zeigen, dass Jesus wirklich ein göttliches Wesen hat. Mir ist aber noch etwas anderes an der Geschichte wichtig. Es hat mit Petrus zu tun. Er will den dreien Hütten bauen. D. h. er will diesen großartigen Moment auf dem Berg unbedingt konservieren.

Manchmal wünsche auch ich mir, dass ein Moment nie vergeht. Eine Abendstimmung im Wald zum Beispiel: wie das Holz riecht und wie die Sonne durch die Bäume scheint. Oder ein Treffen mit alten Freunden: Wir erinnern uns an früher und wärmen alte Geschichten auf.

So schön solche Momente sind, ich kann sie nicht festhalten oder ewig verlängern. Weder mit einer Hütte noch mit einem Fotoapparat. Eines kann ich aber tun. Ich kann solche Momente genießen, mich später an sie erinnern und Kraft daraus schöpfen.

■ Biblischer Text: Mt 17, 4–9

Einleitung:
Wie gesagt, soeben sind den drei Jüngern auf dem Berg neben Jesus Mose und Elija erschienen. Petrus will den Moment festhalten. Er sagt zu Jesus:

Herr, es ist gut, dass wir hier sind. Wenn du willst, werde ich hier drei Hütten bauen, eine für dich, eine für Mose und eine für Elija.
Noch während er redete, warf eine leuchtende Wolke ihren Schatten auf sie, und aus der Wolke rief eine Stimme: Das ist mein geliebter Sohn, an dem ich Gefallen gefunden habe; auf ihn sollt ihr hören. Als die Jünger das hörten, bekamen sie große Angst und warfen sich mit dem Gesicht zu Boden.
Da trat Jesus zu ihnen, fasste sie an und sagte: Steht auf, habt keine Angst! Und als sie aufblickten, sahen sie nur noch Jesus. Während sie den Berg hinab stiegen, gebot ihnen Jesus: Erzählt niemand von dem, was ihr gesehen habt, bis der Menschensohn von den Toten auferstanden ist.

■ Aktivierung

– TN bekommen ein Weihrauchkörnchen ausgeteilt und halten es in der Hand.
– TN werden angeleitet, ihren »Kraftmoment« aufzuspüren. Das kann ein persönliches Erlebnis, eine Begegnung, eine Atmosphäre oder eine Erfahrung mit der Natur sein.
– Sie sollen diesen Kraftmoment in Gedanken herholen und lebendig werden lassen.
– Die TN packen diesen Kraftmoment gedanklich in das Weihrauchkorn.
– Jetzt legen sie es nacheinander auf ein glühendes Kohlenstück in einer Weihrauchschale. Wer will kann seinen Kraftmoment den anderen in einem Wort mitteilen.
– Dann wird folgendes Gebet gebetet:

■ Liturgischer Text

Guter Gott,
ein großer Moment in einem kleinen Körnchen.
Flüchtig wie der aufsteigende Rauch.
Duftend wie die gute Erinnerung.
Dir zu Ehre steige meine Kraft empor.
Ich vertraue darauf, dass du sie mir wieder schenkst,
wenn ich sie nötig habe.
Darum bitte ich durch Christus unsern Herrn. Amen.

■ Lied

– EG 447 (8), GL 671 (6): Lobet den Herren
– EH 77, KR 56, RU 231, TR 493: Dein Geist weht wo er will

5. September – Mutter Teresa

■ Impulstext

Heute vor … Jahren (1997) ist Mutter Teresa gestorben. Ich habe Mutter Teresa in der Schule kennen gelernt. In einem knatternden 16-Millimeter-Film im Religionsunterricht. Ein bisschen geekelt hat mich das schon, wenn sie die Leprakranken anfasste. Und das Elend wurde im Film so hautnah gezeigt, dass ich fast meinte, den Geruch aus den indischen Slums noch in der nächsten Schulstunde in der Nase zu haben.

In unserer Klasse war die Stimmung nach dem Film geteilt: Einerseits ekelten wir uns, und gleichzeitig bewunderten wir die Frau im weißen Sari mit dem blauen Rand. Wie sie zugepackt hat, völlig angstfrei und meist mit einem Lächeln im Gesicht.

Mutter Teresa hat sich vor allem um Sterbende gekümmert. Sie hat sie von der Straße geholt in eigens eingerichtete Sterbehäuser. Dort haben sie wenigstens für ein paar Stunden oder Tage noch die Wärme und Liebe der Schwestern zu spüren bekommen. Mutter Teresa sagte: »Sie haben gelebt wie die Tiere. Da sollen sie wenigstens sterben wie Menschen.«

Viele Menschen hat interessiert: Woher nimmt diese Frau die Kraft und die Motivation für ihre Arbeit? Und Mutter Teresa hat darauf geantwortet: »Ich tue es für Gott.« Sie ist Gott also nicht so sehr in philosophischen Modellen begegnet oder in mystischen Erfahrungen, sondern ganz konkret und hautnah in jedem Menschen in der Gosse von Kalkutta.

Ein englischer Journalist hat Mutter Teresa einmal beobachtet, als sie eine stinkende Wunde versorgte. Und erschrocken sagte er: »Nicht für eine Million Dollar würde ich das tun!« Mutter Teresa hat nur lachend geantwortet: »Ich auch nicht!«

■ Biblischer Text: Lk 10, 30–37

Einleitung:
Jesus predigt von der Nächstenliebe und gerät dabei in ein kleines Wortgefecht mit einem Gesetzeslehrer. Dieser fragt ihn, wer denn jeweils »der Nächste« sei.

Darauf antwortete ihm Jesus: Ein Mann ging von Jerusalem nach Jericho hinab und wurde von Räubern überfallen. Sie plünderten ihn aus und schlugen ihn nieder; dann gingen sie weg und ließen ihn halbtot liegen.

Zufällig kam ein Priester denselben Weg herab; er sah ihn und ging weiter. Auch ein Levit kam zu der Stelle; er sah ihn und ging weiter. Dann kam ein Mann aus Samarien, der auf der Reise war. Als er ihn sah, hatte er Mitleid, ging zu ihm hin, goss Öl und Wein auf seine Wunden und verband sie. Dann hob er ihn auf sein Reittier, brachte ihn zu einer Herberge und sorgte für ihn.

Am andern Morgen holte er zwei Denare hervor, gab sie dem Wirt und sagte: Sorge für ihn, und wenn du mehr für ihn brauchst, werde ich es dir bezahlen, wenn ich wiederkomme.

Was meinst du: Wer von diesen dreien hat sich als der Nächste dessen erwiesen, der von den Räubern überfallen wurde? Der Gesetzeslehrer antwortete: Der, der barmherzig an ihm gehandelt hat. Da sagte Jesus zu ihm: Dann geh und handle genauso!

▮ Aktivierung

- TN falten aus einem Stück Papier ein Herz (Beschreibung s. Anlage).
- Sie überlegen sich in Stille, wo sie in den letzten Tagen an einem Menschen in Not vorbei gelaufen sind.
- Die gefalteten Herzen werden zum Altar gebracht. Dabei wird der Liedruf Ubi caritas gesungen.

▮ Liturgischer Text

Guter Gott,
Ich will dich lieben mit ganzem Herzen und ganzer Seele,
mit all meiner Kraft und all meinen Gedanken, und:
Meinen Nächsten will ich lieben wie mich selbst.
Hilf mir zu sehen, wo Hilfe von Nöten ist.
Gib mir die Fähigkeit, auf mein Inneres zu hören.
Schenk mir den Mut, meinem Herzen zu folgen.
Halte Zweifel und Ausreden von mir fern.
Sei du bei mir und zeige mir meinen Nächsten. Amen.

■ Lied

- RU 199: It's me, oh Lord
- EH 162, KR 414, RU 002, UW 109: Wo Menschen sich vergessen

27. September – Vinzenz von Paul

■ Impulstext

Neuerdings beschäftige ich mich mit Babyklamotten. Gezwungenermaßen seit mein Sohn Fred auf der Welt ist. Da gibt es Bodys mit mehr oder weniger witzigen Aufdrucken: »Teilzeitengel« oder »Schlafräuber« zum Beispiel. Oder »Gebt mir Milch und keiner wird verletzt!«. Für die Karrieretypen unter den Babys gibt es auch jetzt schon die Aufschrift »Abi 2030«.

Genau so ein Karrieretyp war Vinzenz von Paul. Er lebte Ende des 16. Jahrhunderts in Frankreich und wusste schon bald: Ich will Priester werden, denn Priester hatten damals ein hohes Ansehen. Mit 19 Jahren hatte er sein Ziel dann erreicht: Er wurde zum Priester geweiht. Das war ungewöhnlich früh. Aber kein Wunder, der junge Vinzenz hatte sich ja auch voll reingekniet. Ein Karrieretyp eben.

Was dann folgt, würde man heute vielleicht als »Karriereknick« bezeichnen. Ein Mitbewerber schnappt ihm seine Pfarrstelle weg. Das Geld wird knapp. Vinzenz muss Schulden machen und dann sogar vor seinen Gläubigern fliehen. Seeräuber verschleppen ihn, und er landet in Tunis, wo er sich als Hilfsarbeiter bei einem Fischer über Wasser hält.

Irgendwie gelingt es ihm, wieder nach Paris zu kommen. Aber Vinzenz ist nicht mehr der Alte. Der Karriereknick hat ihn verändert. Er zieht in eine Art Priester-WG und lernt dort das einfache und spirituelle Leben schätzen. Und siehe da, jetzt wo er gar keinen Wert mehr darauf legt, da läuft es auf einmal für ihn. Er wird geistlicher Berater der Königin Margarete. In ihrem Namen verteilt er Spenden an die Armen und Kranken. Er hat Mitleid mit ihnen und zielstrebig wie er ist, organisiert er Hilfe. Er gründet karitative Gemeinschaften, die den Armen helfen. Das sind die Vorläufer unserer heutigen kirchlichen Hilfswerke.

Der Heilige Vinzenz von Paul – für mich der Beweis, dass Karrieren nicht immer geradlinig verlaufen müssen. Und dass Erfolg für jeden etwas anderes bedeutet. Für die einen ist es vielleicht das Abi 2030, für die anderen ist es die Nächstenliebe.

▪ Biblischer Text: Mk 8, 34–36

Jesus rief die Volksmenge und seine Jünger zu sich und sagte: Wer mein Jünger sein will, der verleugne sich selbst, nehme sein Kreuz auf sich und folge mir nach. Denn wer sein Leben retten will, wird es verlieren; wer aber sein Leben um meinetwillen und um des Evangeliums willen verliert, wird es retten. Was nützt es einem Menschen, wenn er die ganze Welt gewinnt, dabei aber sein Leben einbüßt?

▪ Aktivierung

– Ein großer Bogen Papier mit 4 Feldern ist vorbereitet. Überschrift: »Was nützt es, die ganze Welt zu gewinnen, dabei aber sein Leben einzubüßen?« Unterschrift: »Kommentare, Beispiele, Argumente«. Im ersten Feld steht: »Die Welt gewinnen«. Im Feld darunter: »Die Welt einbüßen«. In den Feldern daneben: »Das Leben gewinnen« und »Das Leben einbüßen«. In jedem der Felder sollte genügend Platz für Kommentare bleiben. (s. Anlage)
– Die TN dürfen nun schweigend um das Plakat laufen und ihre Kommentare, Beispiele, Argumente in das entsprechende Feld schreiben (evtl. Meditationsmusik).
– Wenn niemand mehr schreibt, sollte noch genügend Zeit sein, alle Kommentare zu lesen.

▪ Liturgischer Text

Guter Gott,
dir nachfolgen ist kein leichter Weg.
Es könnte mich das Gefühl beschleichen, die Welt einzubüßen:
…
(hier können Beispiele aus dem Feld »Die Welt einbüßen« eingefügt werden)
Vielleicht bedeutet »dir nachfolgen« aber auch etwas ganz anderes:
Vielleicht heißt es, das Leben zu gewinnen:
…
(hier können Beispiele aus dem Feld »Das Leben gewinnen« eingefügt werden)

Guter Gott,
schenke mir das Vertrauen, dir nachzufolgen.
Und dabei nichts einzubüßen, sondern etwas zu gewinnen. Amen.

▊ Lied

– RU 130: I will follow him
– EH 140, KR 105, RU 014, TR 116: Einer hat uns angesteckt

IV. Herbst

… über Kultzwiebeln, versenkte Panzer
und verlorene Luftballons

Im Herbst – Mein Ahornbaum

▪ Impulstext

Jeden Morgen komme ich auf meinem Weg zum Büro an einem großen Ahornbaum vorbei. Mich fasziniert, wie er über das Jahr sein Gesicht verändert. Im Frühling scheint er förmlich zu platzen vor Saft. Überall sprießt und wächst es aus ihm heraus. Die Blätter noch ganz klein und zart grün.

Im Sommer dann sind die Blätter groß und grün und bilden ein richtiges Dach. Wenn die Sonne brennt, dann ist es angenehm kühl unter »meinem Ahorn«. Nur das Auto parke ich nicht mehr drunter. Denn der Baum verliert irgendeine klebrige Flüssigkeit, die sich wie ein dünner Film über alles legt, was unter ihm parkt.

Und schließlich der Herbst. Erst fallen nur die kleinen Hubschrauber vom Himmel. Und dann gibt er nochmal alles, mein Ahorn. Die Blätter werden leuchtend gelb, orange und rot. Es ist ein echtes Farbspektakel.

Aber eines Morgens sehe ich die ersten Blätter auf dem Boden liegen. Und irgendwann geht es ganz schnell. Quasi über Nacht lässt er alle Hüllen fallen. Dann stehe ich vor dem Baum und weiß: Jetzt ist der Herbst bald um. Die Blätter legen mir zwar einen roten Teppich aus. Aber der Baum sieht irgendwie nackt aus. Und traurig.

Als ich so den kahlen Baum betrachte, da ärgere ich mich sogar. Gerade wenn der Baum am schönsten aussieht, ist alles ganz schnell wieder vorbei.

Ich glaube fast, der Baum hat mich gehört. Er scheint mir zuzuraunen: »Hey, nimm's nicht so tragisch. Ich bin eigentlich ganz froh, dass ich jetzt mal drei Monate Ruhe habe. Ich werde im Winter Kräfte sammeln, damit es im Frühling wieder so richtig losgehen kann. Den Lauf der Welt kann ich nicht aufhalten, aber ich vertraue auf den Kreislauf der Natur.« Stimmt eigentlich, wir werden und wir vergehen. Und meine christliche Hoffnung sagt mir, dass ich nie ganz vergehe. Im Gegenteil: dass ich nach meinem Tod aufblühen werde. Für immer.

■ Biblischer Text: Ez 47, 7.9–10.12

Einleitung:

Der Prophet Ezechiel ist ein Visionär. Vielleicht, weil er zum Volk Israel in einer schwierigen Situation sprechen musste, während es nach Babylonien verschleppt war. Er mahnt das Volk nicht nur zur Umkehr, sondern er stellt den Verschleppten im Exil auch eine Vision vom neuen Israel in Aussicht. Aus heutiger Sicht klingen die Worte wie eine Verheißung für das Ende aller Tage oder ein Entwurf des Paradieses.

Als ich zurückging, sah ich an beiden Ufern des Flusses sehr viele Bäume. Wohin der Fluss gelangt, da werden alle Lebewesen, alles, was sich regt, leben können, und sehr viele Fische wird es geben. Weil dieses Wasser dort hinkommt, werden die Fluten gesund; wohin der Fluss kommt, dort bleibt alles am Leben. Von En-Gedi bis En-Eglajim werden Fischer am Ufer des Meeres stehen und ihre Netze zum Trocknen ausbreiten. Alle Arten von Fischen wird es geben, so zahlreich wie die Fische im großen Meer. An beiden Ufern des Flusses wachsen alle Arten von Obstbäumen. Ihr Laub wird nicht welken, und sie werden nie ohne Frucht sein. Jeden Monat tragen sie frische Früchte; denn das Wasser des Flusses kommt aus dem Heiligtum. Die Früchte werden als Speise und die Blätter als Heilmittel dienen.

■ Aktivierung

- TN beschriften gelbe oder rote Ahornblätter mit einem »Hoffnungstext«: Wörter oder Sätze, die ihnen Mut machen.
- Die Hoffnungstexte werden anschließend an einen großen Zweig gehängt und vorgelesen.
- Nach jedem Hoffnungstext kann ein Liedruf gesungen werden, z. B. Meine Hoffnung und meine Freude.

■ Liturgischer Text

Psalm 1 wird im Wechsel gebetet:

Wohl dem Mann, der nicht dem Rat der Frevler folgt, nicht auf dem Weg der
Sünder geht, *
nicht im Kreis der Spötter sitzt,
    sondern Freude hat an der Weisung des Herrn, *
    über seine Weisung nachsinnt bei Tag und bei Nacht.
Er ist wie ein Baum, *
der an Wasserbächen gepflanzt ist,
    der zur rechten Zeit seine Frucht bringt *
    und dessen Blätter nicht welken.
Alles, was er tut, *
wird ihm gut gelingen.
    Nicht so die Frevler: *
    Sie sind wie Spreu, die der Wind verweht.
Darum werden die Frevler im Gericht nicht bestehen *
noch die Sünder in der Gemeinde der Gerechten.
    Denn der Herr kennt den Weg der Gerechten, *
    der Weg der Frevler aber führt in den Abgrund.
Ehre sei dem Vater und dem Sohn *
und dem Heiligen Geist,
    wie im Anfang, so auch jetzt und alle Zeit *
    und in Ewigkeit. Amen.

■ Lied

– Rühr mich an mit deinem Wort (aus der finnischen Messe)

1. Rühr mich an mit Dei-nem Wort,__ Kraft und
2. Rühr mich an mit Dei-nem Geist,__ weil nur

Hil - fe find ich sonst an kei - nem Ort,
Du die wah - re Hil - fe für mich weißt,

bin ein wel - kes Blatt im Herbst-wind
bin ein wel - kes Blatt im Herbst-wind

wenn Du mir nicht hilfst, rühr mich an mit dei -nem Wort.
wenn Du mir nicht hilfst, rühr mich an mit dei -nem Wort.

Anfang Oktober – Pausenbrot zu Erntedank

■ Impulstext

Eine High School in New York. Es geht drunter und drüber wie immer am ersten Schultag. Frank McCourt, der frisch gebackene Lehrer, betritt zum ersten Mal sein Klassenzimmer. Pete, ein pubertierender Schüler, brüllt gerade: »Wer will mein Pausenbrot?« Andy lässt einen dummen Spruch ab und als Quittung fliegt ihm das Pausenbrot um die Ohren. Und irgendwie landet es direkt vor den Füßen des neuen Lehrers.

Einen kurzen Augenblick wird es still in der Klasse. Frank McCourt weiß: Jetzt entscheidet es sich, ob ich als Lehrer anerkannt werde oder nicht. Er sagt nichts, sondern folgt einer inneren Eingebung. Er bückt sich, hebt das Pausenbrot auf, wickelt es sorgfältig aus und isst es genüsslich. Biss für Biss.

»Ab diesem Zeitpunkt hingen mir die Schüler an den Lippen«, erinnert sich der inzwischen 76 Jahre alte McCourt. »Und ich tat einfach das, was ich am besten kann. Anstatt zu unterrichten habe ich Geschichten erzählt.« Für seine Geschichten erhielt Frank McCourt 1997 den Pulitzer-Preis und ist inzwischen Bestseller-Autor.

Seine Lieblingsgeschichte bleibt aber immer die mit dem Pausenbrot. »Ich war der erste Lehrer in ihrem Leben, der ein Sandwich vom Boden aufhob und es vor versammelter Mannschaft verdrückte.« In diesem Augenblick hatte Frank McCourt wohl das Herz der Klasse erobert. Und nicht nur das. Er hat den Schülern mit dieser Aktion etwas Wichtiges gezeigt: Nämlich wie sehr er das schätzt, was von ihnen wie Abfall behandelt wird. Na wenn das keine richtige Erntedank-Geschichte ist …

■ Biblischer Text: Mt 6, 9–13

Einleitung:
Bei seiner wohl berühmtesten Predigt, der Bergpredigt, macht Jesus einen Vorschlag, wie man zu Gott beten kann. Der Text wurde – leicht abgewandelt – zum berühmtesten Gebet der Christen, dem Vater Unser. Jesus sagt:

So sollt ihr beten: Unser Vater im Himmel,

dein Name werde geheiligt, dein Reich komme,

dein Wille geschehe wie im Himmel, so auf der Erde.

Gib uns heute das Brot, das wir brauchen. Und erlass uns unsere Schulden,

wie auch wir sie unseren Schuldnern erlassen haben.

Und führe uns nicht in Versuchung, sondern rette uns vor dem Bösen.

Aktivierung

- TN geben ein Fladenbrot im Kreis herum und brechen ein Stück davon ab.
- Wenn alle ein Stück Brot haben spricht der / die GL ein Gabengebet:
  »Guter Gott, du hat uns das Brot geschenkt als Zeichen der Gemeinschaft.
  Stärke uns durch dieses Brot, dass wir Dir ähnlich werden.
  Dass wir Menschen, die unsere Hilfe brauchen als Schwestern und Brüder sehen.
  Dass dieses Brot ein Zeichen der Gemeinschaft werde, aus der niemand ausgeschlossen ist.
  Darum bitten wir durch Christus unseren Herrn. Amen.«
- TN essen das Brot.

Liturgischer Text

- TN beten das Vater unser auf besondere Art:
  - Nach jeder Zeile wird eine kleine Pause gelassen.
  - Bei der Zeile »Unser tägliches Brot« stehen alle auf.

Lied

- EG 420, KR 34, TR 535: Brich mit den Hungrigen dein Brot
- EH 154, KR 381, RU 244, TR 120, UW 130: Wenn das Brot das wir teilen

Anfang Oktober – Die Höri-Bülle zu Erntedank

■ Impulstext

In der kleinen Bodenseegemeinde Moos findet am ersten Sonntag im Oktober das »Büllefest« statt. »Bülle« heißt Zwiebel. Und beim Büllefest wird einer ganz besonderen Zwiebel gehuldigt: der »Höri-Bülle«, der typischen Zwiebel von der Halbinsel Höri. Beim Büllefest gibt es Zwiebeln in allen Varianten: Zwiebelsuppe, Zwiebelbrot, Zwiebelwürste und sogar Zwiebelmarmelade.

Die Höri-Bülle ist eine ganz besondere Zwiebel: Sie hat eine rote Haut und weißes, zartes Fleisch. Der Geschmack: süßlich mit einer leichten Schärfe. Leider erfüllt die Zwiebel nicht die EU-Norm. Zu breit und zu flach. Und obwohl sie von einem ganzen Dorf gefeiert wird, hat sie einen schweren Stand bei den Bauern. Man kann sie nur von Hand ernten, nicht so lange aufbewahren und es ist sehr mühsam, neue Samen zu gewinnen.

Die Höri-Bülle braucht also dringend Hilfe. Deshalb ist sie seit neuestem »Passagier« auf der »Arche des Geschmacks«. Die »Arche des Geschmacks« soll genau das bewirken, was Noahs Arche einst geleistet hat: Sie soll Arten davor bewahren, auszusterben. Die »Arche des Geschmacks« ist aber kein großes Schiff, sondern eine Liste mit schützenswerten Nutzpflanzen und auch –tieren. Und neben der Höri-Bülle ist dort zum Beispiel der Weißlacker Käse aus dem Allgäu zu finden, das Bamberger Rauchbier oder das Rhönschaf, eine der ältesten Schafrassen in Deutschland.

Ich finde, die Arche des Geschmacks ist eine gute Idee. Vielleicht verhilft sie regionalen Produkten wieder zu mehr Popularität. Bei Verbrauchern und bei Landwirten. Auf jeden Fall aber ist es sowas wie eine Liste gegen das Vergessen. Erntedankfest – für mich auch ein Fest gegen das Vergessen. Ich merke nämlich, dass ich manchmal vergesse, Gott ein kleines Dankeschön zu sagen. Für alles, was die Erde hervorbringt. Und das ist noch vielmehr als in EU-Normen passt. Zum Beispiel eben die Höribülle.

◼ Biblischer Text: Lk 17,11–19

Auf dem Weg nach Jerusalem zog Jesus durch das Grenzgebiet von Samarien und Galiläa.

Als er in ein Dorf hineingehen wollte, kamen ihm zehn Aussätzige entgegen. Sie blieben in der Ferne stehen und riefen: Jesus, Meister, hab Erbarmen mit uns! Als er sie sah, sagte er zu ihnen: Geht, zeigt euch den Priestern! Und während sie zu den Priestern gingen, wurden sie rein.

Einer von ihnen aber kehrte um, als er sah, dass er geheilt war; und er lobte Gott mit lauter Stimme. Er warf sich vor den Füßen Jesu zu Boden und dankte ihm. Dieser Mann war aus Samarien.

Da sagte Jesus: Es sind doch alle zehn rein geworden. Wo sind die übrigen neun? Ist denn keiner umgekehrt, um Gott zu ehren, außer diesem Fremden? Und er sagte zu ihm: Steh auf und geh! Dein Glaube hat dir geholfen.

◼ Aktivierung

- TN schneiden aus Kochzeitschriften oder Supermarkt-Prospekten ihr Lieblingsprodukt aus und kleben es als Collage auf ein Flipchart-Papier.
- So entsteht ein großer Warenkorb der Köstlichkeiten, für den im Anschluss gedankt werden kann.

◼ Liturgischer Text

Guter Gott,
für so vieles könnte ich dankbar sein:
… *(hier die Produkte der Collage einfügen)*
Ich könnte auch danken
für Bäche und Bäume
für Wiesen und Wälder
für Wolken und Wetter
für Familie und Freunde
Genesung und Gesundheit
für Mitgefühl und Trost
in schweren Zeiten.

Ich vergesse zu danken,
ich könnte danken,
ich möchte danken,
hier und jetzt. Amen.

■ Lied

– EG 336, GL 283, KR 42, TR 359: Danket, danket dem Herrn (Kanon)

Oktober – Im Maislabyrinth

■ Impulstext

Ich irre schmale Pfade entlang. Weiß bald nicht mehr wo vorne und hinten ist, schon gar nicht, wo ich gestartet bin. Rechts und links von mir meterhohe Maispflanzen und irgendwie will ich's bis in die Mitte schaffen. Gar nicht so einfach, ich stecke nämlich mittendrin in einem Maislabyrinth.

Es gibt immer mehr davon und sie sind meist von Juni bis Oktober begehbar. Für die Landwirte ein gutes Zusatzgeschäft, für Touristen und Kinder ein klasse Erlebnis. Ob Taschenlampenparties, Gruselnächte oder – wie ich – einfach nur den Weg zur Mitte finden: Im Maislabyrinth ist immer was los.

Heinz Kieß ist Agraringenieur aus Stuttgart. Er hat das große Maislabyrinth in Stuttgart-Möhringen eingerichtet. Er sagt: »Das Maislabyrinth ist ein Ort der Kraft. Man kann sich darin verlieren, aber auch selbst finden.« Na ja, mir würde jetzt erst mal der richtige Weg zur Mitte genügen. Aber stimmt schon. Irgendwie hat der Gang durchs Labyrinth echt auch was Meditatives. Und das kann mich auch zu mir selbst führen.

Seit langer Zeit schon ist das Labyrinth Sinnbild für das menschliche Leben. Für die Suche der Menschen nach einem Lebensinhalt. Und vielen geht's damit so wie mir im Labyrinth: Mal fühle ich mich verloren, mal lande ich in einer Sackgasse. Es gibt aber auch Momente, da fühle ich mich der Mitte schon ganz nahe. Und irgendwann hab ich's dann geschafft. Ziemlich fertig sitze ich in der Mitte auf einem Strohballen und bin einfach nur glücklich. Ein tolles Gefühl! Vielleicht fühlt es sich so an, wenn ich meine eigene Mitte gefunden habe. Dafür würde sich die Suche lohnen – auch ein Leben lang.

Heute wird in den Kirchen übrigens das Erntedankfest gefeiert. Da danken wir Gott für alles, was uns die Erde liefert. Unter anderem auch für den Mais. Ob als Tierfutter, Grillkolben oder Labyrinth – auf jeden Fall Danke!

■ Biblischer Text: Joh 14, 3–7

Einleitung:
Nach dem letzten Abendmahl spricht Jesus mit seinen Jüngern über seinen bevorstehenden Tod. Bei diesem Gespräch geht es nicht nur um Sterben und das ewige Leben. Es geht auch um eine Orientierung für das Leben. Jesus sagt:

Wenn ich gegangen bin und einen Platz für euch vorbereitet habe, komme ich wieder und werde euch zu mir holen, damit auch ihr dort seid, wo ich bin. Und wohin ich gehe – den Weg dorthin kennt ihr.
Thomas sagte zu ihm: Herr, wir wissen nicht, wohin die gehst. Wie sollen wir dann den Weg kennen?
Jesus sagte zu ihm: Ich bin der Weg und die Wahrheit und das Leben;
niemand kommt zum Vater außer durch mich. Wenn ihr mich erkannt habt, werdet ihr auch meinen Vater erkennen. Schon jetzt kennt ihr ihn und habt ihn gesehen.

■ Aktivierung

– TN erhalten ein Labyrinth (s. Anlage) und einen Bleistift. Bei meditativer Musik fahren sie unter Anleitung den Weg des Labyrinthes ab.
– Im Anschluss teilen die TN ihre Erfahrungen.

■ Liturgischer Text

Psalm 18 (in Auszügen) wird im Wechsel gebetet:

Ich will dich rühmen, Herr, meine Stärke, *
Herr, du mein Fels, meine Burg, mein Retter,
    mein Gott, meine Feste, in der ich mich berge, *
    mein Schild und sicheres Heil, meine Zuflucht.
Mich umfingen die Fesseln des Todes, *
mich erschreckten die Fluten des Verderbens.
    In meiner Not rief ich zum Herrn *
    und schrie zu meinem Gott. –

Er griff aus der Höhe herab und fasste mich, *
zog mich heraus aus gewaltigen Wassern.
      Er führte mich hinaus ins Weite, *
      er befreite mich, denn er hatte an mir Gefallen. –
Du, Herr, lässt meine Leuchte erstrahlen, *
mein Gott macht meine Finsternis hell.
      Mit dir erstürme ich Wälle, *
      mit meinem Gott überspringe ich Mauern.
Du schaffst meinen Schritten weiten Raum, *
meine Knöchel wanken nicht.
      Darum will ich dir danken, Herr, vor den Völkern, *
      ich will deinem Namen singen und spielen. –
Ehre sei dem Vater und dem Sohn *
und dem Heiligen Geist,
      wie im Anfang, so auch jetzt und alle Zeit *
      und in Ewigkeit. Amen.

■ Lied

- EH 124, KR 390, TR 144: Den Weg wollen wir gehen
- UW 84: Zeige uns den Weg

Ende Oktober – Internationale Abrüstungswoche

■ Impulstext

Königin Sirikit von Thailand hat eine interessante Aktion angeordnet: Sie hat alte Panzer ihrer Armee im Meer versenken lassen. Aber nicht etwa, um sie billig zu entsorgen. Die Panzer wurden an Stellen ins Meer gelassen, wo Korallenriffe bedroht sind. Auf den Metallflächen der alten Panzer sollen so neue Riffs entstehen. Und diese sollen dann neue und seltene Fischarten anlocken und ihnen Lebensraum bieten.

Ich finde, das ist eine gute Idee. Obwohl es vielleicht noch besser wäre, wenn Thailand nicht nur veraltete, sondern die aktuellen Panzerbestände versenken würde. Das käme einer alten Idee aus der Bibel noch näher: Schwerter zu Pflugscharen machen. Dieser Wunsch passt auch ganz gut zur »internationalen Abrüstungswoche« der UNO, die gerade begonnen hat.

Schwerter zu Pflugscharen, also Waffen einstampfen und etwas Sinnvolles daraus machen. Diese Redewendung stammt vom Propheten Micha, einem kämpferischen Typ. Micha wettert gegen die soziale Ungerechtigkeit im alten Israel. Und er prangert die korrupten Staatsbeamten an.

Der Prophet malt aber auch aus, wie ein erlöster Zustand aussehen könnte: Alle Völker schmieden ihre Schwerter zu Pflugscharen um und ihre Lanzen zu Winzermessern. Micha sagt: »Man zieht nicht mehr das Schwert und übt nicht mehr für den Krieg. Jeder sitzt unter seinem Weinstock oder unter seinem Feigenbaum und niemand schreckt ihn auf.« Wirklich eine himmlische Vorstellung!

Für mich klingt aber noch etwas durch. Es hört sich so an, als ob Micha seine Pappenheimer genau gekannt hätte. Es reicht nämlich nicht aus, immer wieder zu versichern, dass ich mir den Frieden wünsche. Sondern ich muss auch aktiv etwas dafür tun.

Abrüsten. Daran will die UNO diese Woche besonders erinnern. Und die Bibel tut es schon seit fast 3000 Jahren.

▓ Biblischer Text: Mt 5, 3–9.12

Einleitung:
Die berühmteste Predigt Jesu ist die Bergpredigt. Gleich zu Beginn der Bergpredigt gibt Jesus so etwas wie sein Programm aus: die Seligpreisungen.

Er sagte: Selig, die arm sind vor Gott; denn ihnen gehört das Himmelreich.
Selig die Trauernden; denn sie werden getröstet werden.
Selig, die keine Gewalt anwenden; denn sie werden das Land erben.
Selig, die hungern und dürsten nach der Gerechtigkeit; denn sie werden satt werden.
Selig die Barmherzigen; denn sie werden Erbarmen finden.
Selig, die ein reines Herz haben; denn sie werden Gott schauen.
Selig, die Frieden stiften; denn sie werden Söhne Gottes genannt werden.
Selig, die um der Gerechtigkeit willen verfolgt werden; (…)
Freut euch und jubelt: Euer Lohn im Himmel wird groß sein. Denn so wurden schon vor euch die Propheten verfolgt.

▓ Aktivierung

– TN sollen einen »Friedens-Chor« bilden. Dazu erhalten TN Kärtchen mit Wörtern (s. Anlage) für Frieden in verschiedenen Sprachen.
– GL erklärt den Ablauf:
  ○ TN sollen sich ihr Wort erst eine Weile in Stille anschauen.
  ○ Dann beginnen sie, ihr Wort erst leise und in langen Abständen vor sich hin zu sprechen. Dann lauter und in kürzeren Abständen. Wenn der Friedens-Chor am lautesten ist, soll die Dynamik wieder zurück gehen.
  ○ Bei Bedarf kann GL Dirigent spielen, es funktioniert aber auch ohne.

▓ Liturgischer Text

Guter Gott,
Friede beginnt dort,
wo ich auf andere höre,
wo ich nicht versuche, mich durchzusetzen

auf Teufel komm raus.
Herr, hilf mir hören
auf die Bedürfnisse anderer,
auf mein eigenes Herz,
und lass mich mitsingen
im Chor des Friedens. Amen.

▧ Lied

- EG 667, EH 85, KR 329, RU 116, TR 146: Selig seid ihr
- RU 152: We shall overcome
- EG 663, EH 165, KR 351, TR 195, UW 113: Unfriede herrscht auf der Erde

November – Im Himmel geht alles weiter

◼ Impulstext

Was erwartet mich wohl, wenn ich tot bin? In der Heidelberger Jesuitenkirche habe ich nachgeschaut. Dort stand im letzten Herbst nämlich ein großer Kasten mit Röhren. Und die Enden der Röhren haben ein Stück rausgeguckt. Beim Blick durch die Röhren in den Kasten habe ich Bilder und Beschreibungen von Kindern gesehen, wie sie sich das Tot-Sein vorstellen.

Der seltsame Kasten mit Röhren war Teil einer Ausstellung. Die Veranstalter wollten, dass das Thema Tod wieder mehr im Alltag der Menschen vorkommt. Wohl mit Erfolg. Denn über 20.000 Besucher kamen.

Die Kinder, die den Röhrenkasten gestaltet haben, haben alle in letzter Zeit einen lieben Menschen verloren. Mit den Bildern und Texten versuchen sie, ihre Trauer zu verarbeiten. Ich war erstaunt über die vielfältigen Vorstellungen der kleinen Künstler. Da ist wirklich alles dabei: Absolute Leere zum Beispiel. Oder tiefe Trauer über den erlittenen Verlust. Und auch hoffnungsvolle Bilder vom Paradies. Das Schöne dabei: Die Kinder drücken sich oft klarer und verständlicher aus als die meisten Erwachsenen.

Der 12jährige Moritz schreibt zu seinem Bild: »Ich glaube an einen Mund voll Erde. Da ist nichts mehr als unendliche Leere und Weite.«

Charlotte ist fünf und schreibt: »Wenn man gestorben ist, kann man nicht mehr essen und trinken. Und nicht mehr die Mama küssen.«

Am besten gefällt mir, was die 10jährige Maren zu ihrem Bild geschrieben hat. Sie bringt die große christliche Hoffnung auf ein ewiges und besseres Leben nach dem Tod auf den Punkt. Und das in zwei Sätzen. Maren schreibt: »Ich stelle mir vor, dass alles im Himmel weiter geht – nur anders. Und wer im Leben die Blumen nicht gegossen hat, der gießt sie jetzt.«

◼ Biblischer Text: 2 Kor 5,1–3.6–7

Einleitung:
Paulus schreibt an die Gemeinde in Korinth seinen zweiten Brief. Darin geht es unter anderem darum, wie Paulus sich den Tod vorstellt. Er schreibt:

Wir wissen: Wenn unser irdisches Zelt abgebrochen wird, dann haben wir eine Wohnung von Gott, ein nicht von Menschenhand errichtetes ewiges Haus im Himmel.

Im gegenwärtigen Zustand seufzen wir und sehnen uns danach, mit dem himmlischen Haus überkleidet zu werden. So bekleidet, werden wir nicht nackt erscheinen.

Wir sind also immer zuversichtlich, auch wenn wir wissen, dass wir fern vom Herrn in der Fremde leben, solange wir in diesem Leib zu Hause sind; denn als Glaubende gehen wir unseren Weg, nicht als Schauende.

▓ Aktivierung

– TN malen ein assoziatives Bild mit großflächigen Farben (z. B. bunte Kreide auf schwarzem Tonpapier): Wie stelle ich mir das Tot-Sein vor?
– Im Anschluss stellen die TN ihr Bild in einer Kleingruppe vor.

▓ Liturgischer Text

Psalm 49 (in Auszügen) wird im Wechsel gebetet:

Hört dies an, ihr Völker alle, *
vernehmt es, alle Bewohner der Erde!
    Ihr Leute aus dem Volk und vom Adel, *
    Reiche und Arme zusammen! –
Weise sterben, genauso gehen Tor und Narr zugrunde, *
sie müssen andern ihren Reichtum lassen.
    Das Grab ist ihr Haus auf ewig, ist ihre Wohnung für immer, *
    ob sie auch Länder nach ihren Namen benannten.
Der Mensch bleibt nicht in seiner Pracht, *
er gleicht dem Vieh, das verstummt.
    So geht es denen, die auf sich selbst vertrauen, *
    und so ist das Ende derer, die sich in großen Worten gefallen.
Der Tod führt sie auf seine Weide wie Schafe, *
sie stürzen hinab zur Unterwelt.
    Geradewegs sinken sie hinab in das Grab. *

ihre Gestalt zerfällt, die Unterwelt wird ihre Wohnstatt.
Doch Gott wird mich loskaufen aus dem Reich des Todes; *
ja, er nimmt mich auf.
Ehre sei dem Vater und dem Sohn *
und dem Heiligen Geist,
wie im Anfang, so auch jetzt und alle Zeit *
und in Ewigkeit. Amen.

Lied

– EH 112: Durch das Dunkel hindurch

November – Koffer packen

▮ Impulstext

»Was würden Sie in einen Koffer für die letzte Reise packen?« Eigentlich Blödsinn diese Frage. Schon Hans Albers hat ja gesungen »Das letzte Hemd hat keine Taschen«. Ich kann nun mal nichts mitnehmen, wenn ich sterbe.

Dennoch hat der Trauerbegleiter Fritz Roth dieses Experiment gestartet. Er hat 100 Koffer gekauft und Menschen gebeten, sich einen symbolisch für die letzte Reise zu packen. Das Ergebnis der Aktion ist momentan in der Wanderausstellung »Einmal Jenseits und zurück« in Krefeld zu sehen.

Einige der Kofferpacker nutzen die Gelegenheit für eine Bestandsaufnahme: Was ist mir in meinem Leben wichtig? Und so liegt in einem Koffer eine Packung Spaghetti und Tomatensoße samt Rotwein und Quietsche-Entchen. In einem anderen befinden sich Tabak und Pfeife. Der Kofferpacker hat dazu geschrieben: »Wenn man eh stirbt, kann man auch rauchen.«

Ein Metzgermeister hat in seinen Koffer nur einige Zettel gelegt: Auf einem steht »Entschuldigung«. Das soll sich an jedes von ihm geschlachtete Tier richten. Ein Künstler hat 12 sauber verpackte Äpfel in den Koffer gelegt. »Sie sollen mich an das verlorene Paradies erinnern – und an das bevorstehende.«

Die Aktion scheint nicht spurlos an den Kofferpackern vorbei gegangen zu sein. Viele haben sich beim Packen wohl mit ihrem Leben und mit der Endlichkeit unseres Seins beschäftigt. Wir Christen hoffen ja, dass uns nach dem Tod ein neues Leben erwartet. Anders und sogar besser.

Vielleicht hat ein Kofferpacker diese Hoffnung am besten ausgedrückt. Er hat seinen Koffer völlig leer gelassen. Daneben hat er geschrieben: »Ich hoffe, dort als Gast aufgenommen zu werden, dem es an nichts fehlen wird.«

▮ Biblischer Text: Röm 8, 15–18

Einleitung:
Paulus schreibt an die christliche Gemeinde in Rom. Dieser Brief ist fast so etwas wie eine Zusammenfassung seines Glaubens. Ein ganz wichtiger Punkt ist für Paulus die Herrlichkeit, die uns nach unserem Tod erwarten soll. Er schreibt:

Ihr habt nicht einen Geist empfangen, der euch zu Sklaven macht, so dass ihr euch immer noch fürchten müsstet, sondern ihr habt den Geist empfangen, der euch zu Söhnen und Töchtern macht, den Geist, in dem wir rufen: Abba, Vater! So bezeugt der Geist selber unserem Geist, dass wir Kinder Gottes sind.

Sind wir aber Kinder, dann auch Erben; wir sind Erben Gottes und sind Miterben Christi, wenn wir mit ihm leiden, um mit ihm auch verherrlicht zu werden. Ich bin überzeugt, dass die Leiden der gegenwärtigen Zeit nichts bedeuten im Vergleich zu der Herrlichkeit, die an uns offenbar werden soll.

▪ Aktivierung

– TN »packen ihren letzten Koffer«. Sie malen oder schreiben in ein Kofferbild (s. Anlage), was sie auf ihre letzte Reise mitnehmen würden.
– TN stellen sich ihre Koffer ggf. in Kleingruppen vor.

▪ Liturgischer Text

Guter Gott,
ich bin unterwegs
auf der Reise meines Lebens.
Mein Gepäck ist groß:
Besitz, Erfahrungen und Bindungen habe ich dabei.
Das Ziel meiner Reise
erreiche ich auch mit ganz wenig.
Und doch hänge ich an vielem.
Schenke mir das Vertrauen,
dass du mich empfängst
wie ein Kind, das heim kommt. Amen.

▪ Lied

– GL 656: Wir sind nur Gast auf Erden
– EH 123, KR 373, TR 441: Von guten Mächten

November – Kunst am Sarg

▨ Impulstext

Kim Howard ist Künstlerin in Hamburg. Sie verdient Geld damit, Särge zu bemalen. Ein ausgefallener Beruf. Vor allem wenn man bedenkt, dass ihre Kunst immer unter der Erde oder im Krematorium landet.

Kim macht das nichts aus. Für sie steht der Arbeitsprozess im Vordergrund. Und damit auch die Arbeit mit den Trauernden. Sie sagt: »Viele Angehörige fühlen sich erleichtert, wenn wir den Sarg gestalten. Und für mich ist es ein schönes Gefühl, ihnen dabei zu helfen.«

Kim lässt die Angehörigen auch gerne selbst zum Pinsel greifen. Für viele eine wohltuende Auszeit in der Hektik der letzten Besorgungen für die Beerdigung. Die Trauernden können den Sarg anfassen. Manche fotografieren ihn oder entdecken nach der Arbeit Farbspuren an ihren Händen. All das trägt dazu bei, den Tod eines lieben Menschen besser verarbeiten zu können.

Die Mal-Motive sind ganz unterschiedlich. Manchmal kommt die Lieblingsfarbe des Verstorbenen auf den Sarg oder die Namen der Hinterbliebenen. Für einen begeisterten Schwimmer hat Kim den Sarg mit Wassermotiven verziert. Einer Frau war das Bild in der Küche ihrer Mutter besonders wichtig. Für sie hat Kim eine Kopie dieses Bildes auf den Sarg ihrer Mutter gemalt. Kim sagt: »Am Anfang steht immer die Frage: Was verbindet mich mit dem toten Menschen?«

Ich finde es gut, den Abschied so intensiv wie möglich zu gestalten. Und ich habe die Hoffnung, dass uns mit unseren Verstorbenen noch mehr verbindet als nur das Fotoalbum oder die verblassenden Erinnerungen. Manchmal meine ich es sogar zu spüren, dass sie ganz nah bei mir sind.

▨ Biblischer Text: Ps 103, 15–18

Einleitung:
Psalmen sind uralte Gebete oder Gesänge. In ihnen erfahren wir vom Glauben der Menschen, die zur Zeit des Alten Testaments gelebt haben. In Psalm 103 steht:

Des Menschen Tage sind wie Gras, er blüht wie die Blume des Feldes. Fährt der Wind darüber, ist sie dahin; der Ort, wo sie stand, weiß von ihr nichts mehr. Doch die Huld des Herrn währt immer und ewig für alle, die ihn fürchten und ehren; sein Heil erfahren noch Kinder und Enkel; alle, die seinen Bund bewahren, an seine Gebote denken und danach handeln.

■ Aktivierung

- In der Mitte liegen Versfragmente aus Psalm 103 (s. Anlage).
- In ruhiger Atmosphäre (evtl. Meditationsmusik) suchen sich TN einen Vers aus, der sie anspricht.
- Wenn alle TN einen Vers haben, darf jeder in die Stille bzw. in die Meditationsmusik hinein seinen Vers vorlesen. Es muss nicht nach einer bestimmten Reihenfolge gehen, es dürfen auch Pausen entstehen.
- Im Anschluss wird Psalm 103 im Wechsel gebetet (s. liturgischer Text).

■ Liturgischer Text

Psalm 103 (in Auszügen) wird im Wechsel gebetet:

Lobe den Herrn, meine Seele, *
und vergiss nicht, was er dir Gutes getan hat:
    der dir all deine Schuld vergibt *
    und all deine Gebrechen heilt;
der dein Leben vor dem Untergang rettet *
und dich mit Huld und Erbarmen krönt;
    der dich dein Leben lang mit seinen Gaben sättigt; *
    wie dem Adler wird dir die Jugend erneuert.
Der Herr ist barmherzig und gnädig, *
langmütig und reich an Güte.
    Er wird nicht immer zürnen, *
    nicht ewig im Groll verharren.
Er handelt an uns nicht nach unsern Sünden *
und vergilt uns nicht nach unsrer Schuld.
    Denn so hoch der Himmel über der Erde ist, *

so hoch ist seine Huld über denen, die ihn fürchten.
So weit der Aufgang entfernt ist vom Untergang, *
so weit entfernt er die Schuld von uns.

Wie ein Vater sich seiner Kinder erbarmt, *
so erbarmt sich der Herr über alle, die ihn fürchten.
Denn er weiß, was wir für Gebilde sind; *
er denkt daran: Wir sind nur Staub.

Des Menschen Tage sind wie Gras, *
er blüht wie die Blume des Feldes.
Fährt der Wind darüber, ist sie dahin; *
der Ort, wo sie stand, weiß von ihr nichts mehr.

Doch die Huld des Herrn währt immer und ewig *
für alle, die ihn fürchten und ehren;
sein Heil erfahren noch Kinder und Enkel; alle, die seinen Bund bewahren, *
an seine Gebote denken und danach handeln.

Ehre sei dem Vater und dem Sohn *
und dem Heiligen Geist,
wie im Anfang, so auch jetzt und alle Zeit *
und in Ewigkeit. Amen.

■ Lied

–   KR 31, RU 103: Bless the Lord, my soul

November – Luftballon für Opa

■ Impulstext

Jonathan ist geistig behindert. Down-Syndrom. Heute ist ein großer Tag für Jonathan, denn es ist Schulfest an der integrativen Schule. Endlich mal den ganzen Tag die Schule von einer anderen Seite kennen lernen. Die Spielstraße hat Jonathan schon durch. Jetzt schnell ein Stück Kuchen und dann in die Geisterbahn der Viertklässler. Schade dass Opa Karl diesen Tag nicht miterleben kann. Er ist vor kurzem gestorben. Jonathan hat mit Opa Karl einen echten Freund verloren.

Am Ende des Schulfestes gibt's Luftballons für alle. Jonathans Mama schärft ihm ein: »Gut festhalten, ja nicht loslassen. Sonst fliegt er davon.« Jonathan ist sich seiner Verantwortung bewusst. Aber kurz vor der Haustüre öffnet sich seine kleine Hand und schwupps – der Luftballon steigt in den Himmel. Auf und davon. Die Mama ist erst mal ziemlich sauer. Er hat's soweit geschafft. Und jetzt – alles umsonst. Der Luftballon ist weg.

Aber Jonathan scheint überhaupt nicht enttäuscht zu sein. Er guckt dem Ballon noch eine Weile nach und sagt dann: »Für Opa Karl.«

Er hat den Ballon wohl extra losgelassen – für Opa Karl im Himmel. Jonathans Mama ist baff. Und wieder einmal hat sie was gelernt vom kleinen Jonathan: Manchmal gibt es wichtigeres, als sich an irdischen Dingen festzuklammern.

■ Biblischer Text: Jes 25, 8–9

Einleitung:
Der Prophet Jesaja hat sich unter anderem damit beschäftigt, wie das Leben nach dem Tod, wie das Ende aller Tage aussehen könnte. Jesaja sagt:

Der Herr beseitigt den Tod für immer. Gott, der Herr, wischt die Tränen ab von jedem Gesicht. Auf der ganzen Erde nimmt er von seinem Volk die Schande hinweg. Ja, der Herr hat gesprochen.

An jenem Tag wird man sagen: Seht, das ist unser Gott, auf ihn haben wir unsere Hoffnung gesetzt, er wird uns retten. Das ist der Herr, auf ihn setzen wir unsere Hoffnung. Wir wollen jubeln und uns freuen über seine rettende Tat.

■ Aktivierung

– TN schreiben mit Wachsstift auf eine große Kerze (z. B. alte Altar- oder Osterkerze) die Namen der Verstorbenen, an die sie jetzt besonders denken wollen.
– Kerze kann noch weiter mit Verzier-Wachs ausgestaltet werden.
– Danach wird die Kerze entzündet und das Gebet gebetet.

■ Liturgischer Text

Psalm 23 wird im Wechsel gebetet:

Der Herr ist mein Hirte, *
nichts wird mir fehlen.
    Er lässt mich lagern auf grünen Auen *
    und führt mich zum Ruheplatz am Wasser.
Er stillt mein Verlangen; *
er leitet mich auf rechten Pfaden, treu seinem Namen.
    Muss ich auch wandern in finsterer Schlucht, *
    ich fürchte kein Unheil;
denn du bist bei mir, *
dein Stock und dein Stab geben mir Zuversicht.
    Du deckst mir den Tisch *
    vor den Augen meiner Feinde.
Du salbst mein Haupt mit Öl, *
du füllst mir reichlich den Becher.
    Lauter Güte und Huld werden mir folgen mein Leben lang, *
    und im Haus des Herrn darf ich wohnen für lange Zeit.
Ehre sei dem Vater und dem Sohn *
und dem Heiligen Geist

wie im Anfang so auch jetzt und alle Zeit *
und in Ewigkeit. Amen.

Lied

–   RU 137: Tears in Heaven

Anhang

Verzeichnis der Bibelstellen

Quellenverzeichnis

Bibelstellen
Alle Bibelstellen sind entnommen aus:
Einheitsübersetzung der Heiligen Schrift
© 1980 Katholische Bibelanstalt, Stuttgart

Bilder an den Kapitelanfängen
Winter: © photocase.com/ misterQM
Frühling: © photocase.com/ pic4you
Sommer: © photocase.com/ eyelab
Herbst: © photocase.com/ Helgi

In wenigen Fällen ist es uns trotz großer Mühen nicht gelungen, alle Inhaber von Urheberrechten und Leistungsschutzrechten zu ermitteln. Da berechtigte Ansprüche selbstverständlich abgegolten werden, ist der Verlag für Hinweise dankbar.

Anlagen auf CD-ROM

- »Beziehungsbaum« (Jahresbeginn – Die Inselfrage)
- »Weihrauchmeditation« (6. Januar – Die drei Könige und der Weihrauch)
- Wie Weihrauch steige mein Gebet (6. Januar – Die drei Könige und der Weihrauch)
- »Schokoladen-Meditation« (Fastenzeit – Frustfressen)
- »Meine Zeit-Uhr« (Fastenzeit – Wer langsam reit' kommt grad so weit)
- »Buß-Kompass« (Fastenzeit – Sündensäcke)
- Versfragmente Psalm 104 (12. April – Juri Gagarin und der liebe Gott)
- Kopiervorlage »Ein Leib« (Ende April – »Woche für das Leben« mit Ohren-kuss)
- Vorlage »Papier-Seerose« (24. Juni – Johannistag)
- Vorlage Schreibmeditation »Auferstehung« (27. Juni – Siebenschläfertag)
- Fantasiereise (Juli / August – Im Urlaub die Freiheit spüren)
- Faltanleitung Herz (5. September – Mutter Teresa)
- Vorlage Schreibmeditation »Was nützt es« (27. September Vinzenz von Paul)
- »Labyrinth« (Oktober – Im Maislabyrinth)
- »Friedenswörter« (Ende Oktober – Internationale Abrüstungswoche)
- »Kofferbild« (November – Koffer packen)
- Versfragmente Psalm 103 (November – Kunst am Sarg)